LUDWIG BARRING

DIE TODESSTRAFE IN DER GESCHICHTE DER MENSCHHEIT

Genehmigte Lizenzausgabe für die
KOMET MA-Service und Verlagsgesellschaft mbH, Frechen
Copyright © 1967 by Drei Ulmen Verlag,
München und AVA GmbH, München-Breitbrunn (Germany)
ISBN 3-933366-34-8

Inhalt

Verzeichnis
der Abbildungen im Text

Verzeichnis der Bildtafeln

Vorwort

Nach jedem besonders scheußlichen Verbrechen flammt die Diskussion über die Todesstrafe wieder auf, mehren sich in den Staaten, die sie schon abgeschafft haben, die Stimmen, die für eine Wiedereinführung plädieren. Das ist eine verständliche Reaktion, die sich nach einem Lustmord ebenso einstellt wie nach der Erschießung unbewaffneter Polizisten durch Gangster, das sind Forderungen, die in der deutschen Presse ebenso nachdrücklich ihren Niederschlag finden wie in den Zeitungen anderer Länder.

Bedenklich an all diesen mit aktuellen Affekten beladenen Auseinandersetzungen ist, daß die Todesstrafe in ihnen vorbehaltlos als ein Allheilmittel gegen Gewaltverbrechen aufgefaßt wird. ›Die Todesstrafe‹ ist inzwischen, ist in den Jahren, seit sie in vielen Staaten abgeschafft ist, aus ihrer furchtbaren Realität zu einem Schlagwort verblaßt. Ihre Funktion in einem Gemeinwesen ist vergessen und tritt zurück gegenüber vagen und durch nichts berechtigten Hoffnungen, die man an sie und ihre Wiedereinführung knüpft.

In dieser Situation hat sich dieses Buch die Aufgabe gestellt, die Realität der Todesstrafe zumindest literarisch wieder herzustellen und sie zugleich aus der Aktualität zu lösen, indem ihr historischer Weg so weit und so eingehend verfolgt wird, wie dies heute noch Interesse beanspruchen kann. Dabei war es unvermeidlich – um die Strafe als solche nicht abstrakt und im luftleeren Raum abzuhandeln –, die historischen Formen der Hinrichtung ebenso zu berücksichtigen wie die Menschen, die sie vollzogen und die im Schatten des Galgens und des Fallbeils eine düstere und an besonderen Problemen reiche Existenz führen mußten: die Scharfrichter und ihre Sippenverbände.

Aus Gründen der Übersichtlichkeit ist das Buch systematisch gehalten, das heißt, es verfolgt die Todesstrafen nicht in erster Linie in ihrer historischen Aufeinanderfolge, sondern hat sich um eine sachliche Gruppierung bemüht, die freilich in geschichtlichem Rahmen steht. Eine Zeittafel am Ende des Buches dient der genaueren historischen Orientierung.

Das Recht ist keine klassenbürgerliche und machtpolitische, sondern eine menschliche Angelegenheit, und dem Bürgertum ist nicht geholfen, wenn es in kopfloser Angst vor dem ›Umsturz‹ die Ideen verleugnet, die es geistig konstituiert haben.

Thomas Mann in seinem Brief an den Verteidiger von L. Hatvany, München, 20. III. 1928

Erstes Buch

In der Hand der Götter

Kreuz und Stein

Die Frage nach der ältesten aller Todesstrafen wird wohl für alle Zeiten unbeantwortet bleiben, denn eine Todesart wird noch nicht zur Todesstrafe, wenn sie gelegentlich oder einige Male angewandt erscheint. Erst, wenn wir aus verschiedenen Völkern und verschiedenen Zeiten Berichte über eine immer wiederkehrende Methode, den Tod eines Verurteilten herbeizuführen, besitzen, erst dann dürfen wir sicher sein, über den Zufall oder die örtliche Gelegenheit hinaus eine bewußt vorgenommene Tötung mit einem bestimmten Ritual kennengelernt zu haben. Es gab Negerstämme, die Krokodile mit ihren Verbrechern fütterten, und andere, die den Mann, den sie hinzurichten wünschten, zwischen Termitenhaufen anpflockten. Neben einem bestimmten Indianerdorf am Amazonas lud eine Klippe dazu ein, Verbrecher durch Felssturz zu töten, und die Bewohner einer peruanischen Landschaft bevorzugten eine enge, dunkle Schlucht für den gleichen Zweck.

Derartige Bräuche, so oft sie auch wiederholt worden sein mögen, begründen noch keine jener Todesstrafen, wie sie in die Kultur- und Rechtsgeschichte eingegangen sind. Jede dieser überregionalen und überzeitlichen Strafen ist von vielen Geheimnissen umgeben und in ihrem Ursprung mit Sagen, Legenden oder Mythen verwoben, in ihrer Anwendung eng in die Menschheitsgeschichte verflochten. Keine aber ist so weithin bekannt, so folgenreich über ihren ursprünglichen Charakter erhoben worden wie das *summum supplicium* der Römer – die Kreuzigung.

Sie gehört zu jener Gruppe ältester Strafen, in denen sich noch die Scheu des Menschen spiegelt, einen anderen durch direkten Eingriff, durch die eigene menschliche Hand zum Tode zu befördern. Die

Selbstherrlichkeit, mit der im zwanzigsten Jahrhundert Organe verpflanzt, Organe durch Maschinen ersetzt und Menschen durch Maschinen getötet werden, war dem Erdbewohner früherer Zeiten fremd. Die Schöpfung, in der er sich bewegte, war voll von Wundern und Schrecken. Niemand enthüllte ihm die Mechanismen des Wetters, die Ursachen der Erdbeben, der Gezeiten, der Waldbrände. An die Natur ausgeliefert und zugleich in ihr geborgen, von der Natur bedroht und zugleich von ihr ernährt, vertraute der frühe Mensch sich den Naturkräften auch dann an, wenn es galt, ein Mitglied der Gemeinschaft auszumerzen: einen Mann, der eine Gefahr für alle geworden war, eine Frau, die man der Zauberei verdächtigte, einen Jüngling, der sich den Ordnungen nicht fügen oder sie umstürzen wollte.

Man mußte sie ausmerzen, denn sie störten das Leben des Stammes, des Dorfes und später der Stadt. Aber wer sollte Hand an sie legen? Wer sollte es auf sich nehmen, wo doch die Geister der Abgeschiedenen dann rachedürstend um die Hütten schleichen und jenen heimsuchen würden, der den Tod herbeigeführt hatte?

In dieser Lage boten sich die Elemente als Hilfe an. Die Naturgewalt war in ihrer unendlichen Kraft dem kleinen menschlichen Streit um Gut und Böse überlegen. Sie war rein und blieb rein, denn das Meer änderte sich nicht, so viele Menschen es auch verschlang, und das Feuer blieb, wie es war, so viele Leiber es auch verzehrte. Wasser und Wind, Sonne und Flammen konnten töten, ohne sich zu beflekken, also überantwortete man ihnen den Verurteilten und tat nichts anderes, als ihm die Flucht zu verwehren.

Das einfachste, nächstliegende Verfahren dazu war, ihn festzubinden, an einen Baum zu binden. Das war die Urform der Kreuzigung, ja mehr als das: Es war vielleicht sogar die Urform der Strafe überhaupt.

Arbor infelix, der Unglücksbaum, war den Göttern der Unterwelt geweiht. An ihm festgebundene Verbrecher konnten vielerlei Tode sterben, ohne daß ein Mensch die Hand gegen sie erheben mußte. Die wilden Tiere konnten sie zerreißen, sie konnten verhungern und verdursten, die Sonne konnte sie töten. In den Stricken hängend starben sie, und Vögel fraßen den toten Leib.

In zweifellos langer und langsamer Entwicklung wurde die Strafe mehr als nur ein Ausmerzen der Verbrecher. Jedes Mitglied der Gemeinschaft sollte sehen, wie mit dem Verbrecher verfahren worden war, einerseits zur Befriedigung der Gerechten, andererseits zur Abschreckung jener, die vielleicht einen Keim des Bösen, ein Quentchen Lust zum Verbrechen in sich spürten.

In dieser Entwicklung wurde der Baum zum Pfahl, den man aufrichten konnte, wo recht viele vorbeikamen, und an dem der Delinquent so hoch hing, daß alle ihn sehen konnten. Ein Querholz, an das man die Arme band, erleichterte die Befestigung und hinderte das Herabgleiten des Körpers. Aus dem *arbor infelix* war die *crux* geworden, das Wort, das in römischen Quellen für das Kreuz, aber auch für den Pfahl steht. Nur selten ersetzte ein Felsen den Pfahl, ein Felsen, an den der Verurteilte angeschmiedet wurde wie Prometheus oder Andromeda. Auch diesen Vorgang reihte die Antike unter die Kreuzigungen ein, weil es sich um die gleiche Preisgabe des Menschen an Mächte der Natur handelte, um ein wehrloses Hängen und Ausgesetztsein, in dem sich das Schicksal vollzog, sofern es übernatürliche, also göttliche Gewalt nicht hemmte.

Die Strafe der Kreuzigung ist uns aus dem ganzen weiten Bereich des alten Orients und der antiken Mittelmeerkulturen bekannt. Sie wurde im Zweistromland und in Ägypten, in Persien, Nordafrika und im ganzen Römischen Reich angewendet, wobei die Formen des Kreuzes gewissen Abwandlungen unterlagen und einzelne Völker, wie zum Beispiel die Makedonen, den Verurteilten mit dem Kopf nach unten an das Kreuz zu hängen pflegten.

Weil sie vor allem gegen Sklaven angewendet wurde, war die Kreuzigung im Römischen Reich eine sehr häufige Strafe. Auf den entlaufenen Sklaven wartete das Kreuz ebenso wie auf den Aufrührer, und wenn Spartakus eine ganze Armee entlaufener Sklaven um sich sammelte und mit ihnen Krieg gegen Rom führte, dann waren beide Delikte gegeben, von denen schon jedes für sich allein das *summum supplicium* nach sich gezogen hätte. Crassus ließ darum Kreuze zu Hunderten aufrichten, um Spartakus und die Seinen daran zu heften, und niemand fand zu jener Zeit etwas Besonderes daran, wußte doch jeder Sklave, daß ihm diese Strafe vom ersten Augenblick seines Lebens an drohte.

Nächst Sklaven und Rebellen waren es Piraten und Wegelagerer, die den Kreuzestod starben, und in späterer Zeit dann zahlreiche Christen, weil man in ihrem Glauben den Keim der Rebellion witterte und ihnen nachsagte, daß sie das römische Kaisertum stürzen wollten. Christus selbst war am Kreuz gestorben, weil die Römer in ihm einen Aufrührer sahen, und seine Hinrichtung entsprach in allen Einzelheiten dem römischen Ritual. Nur daß seine Leiche zur Bestattung freigegeben wurde, wich vom römischen Rechtsbrauch ab: Die Römer ließen den Leichnam am Kreuz hängen, die Juden pflegten ihn bei Sonnenuntergang abzunehmen. Die Geißelung, das Hinaufziehen mit Stricken, die Nägel durch Handflächen und Füße, das alles war römischer Rechtsbrauch. Auch, daß Jesus Christus mit den beiden Männern sprach, die das gleiche Schicksal neben ihm erlitten, daß er vom Kreuz herab noch Worte an die Trauernden richtete, ist eine bekannte, wiederholt berichtete Begleiterscheinung dieser grausamen Strafe, bei der es viele Stunden währen konnte, ehe der Tod eintrat.

Abb. 1 Christus starb nach römischem Rechtsritual den Tod am Kreuz, da man in ihm einen Aufrührer sah, der die bestehenden Glaubens- und Rechtsordnungen zerstören wollte. Um 1420 entstandener kolorierter Holzschnitt, der neben Christus Maria und Johannes zeigt.

An einem anderen Ort der Alten Welt war ein halbes Jahrtausend vor ihm schon Polykrates, Sohn des Aiakes, am Kreuz gestorben. Mit seinen hundert Fünfzigruderern hatte er sich eine Insel nach der anderen unterworfen und schließlich Samos zum Mittelpunkt eines reichen und blühenden Seestaates gemacht, war dann aber der List des persischen Statthalters Oroites erlegen: Der Satrap hatte ihn unter einem Vorwand nach Magnesia gelockt und dort den Mann, in dessen Glück Schillers Ballade schon den Keim des Untergangs erblicken will, den grausamsten Tod sterben lassen, den die alte Welt kannte. Zeus badete ihn mit seinem Regen, und die Sonne salbte den Gekreuzigten, als sie das letzte Restchen Feuchtigkeit und Leben aus seinem preisgegebenen Leib herausbrannte.

Wenn Oroites solch ein Urteil über einen »Tyrann« verhängte, so war dabei natürlich Haß und Schmähung im Spiel, wie später beim Hängen oder beim Pfählen. Später wurde es im ganzen römischen Machtbereich Gesetz, daß kein römischer Bürger am Kreuz sterben durfte, und Kaiser Konstantin hob die grausame Strafe, mit der sich zu seiner Zeit schon die weihevolle Erinnerung an den Opfertod Christi verband, schließlich ganz auf.

Es verdient festgehalten zu werden, daß die Juden die zwei qualvollsten Todesstrafen, die bei Assyrern und Römern üblich waren, nicht übernahmen. Während der babylonischen Gefangenschaft wurde bei den Juden die Pfählung nicht Teil ihres Strafvollzuges, und während der römischen Besetzung blieb die Kreuzigung nur eine Strafe der fremden Landesherren. Dieses Festhalten am eigenen Brauch ist um so bemerkenswerter, als das Alte Testament Strafen schildert, die eine gewisse, nicht nur äußerliche Verwandtschaft mit der Pfählung beziehungsweise mit der Kreuzigung aufweisen: das beschämende Aufhängen bereits getöteter Feinde oder Verbrecher an Pfählen oder Bäumen. Dabei handelt es sich weder um die Pfählung im orientalischen Sinn, bei der ein rundes Holz vom Unterleib her in den Verurteilten gestoßen oder getrieben wird, noch um die Kreuzigung, bei der die Nägel, an denen der arme Sünder hängt, eine zusätzliche Qual schaffen und eine Lage, in der sich der ausgespannte Leib immer wieder gegen Erstickungsanfälle zu wehren hat, in Atemnot gerät und sich, so schmerzhaft es auch ist, bewegen muß, um sein Leben noch ein paar Stunden zu fristen.

Die am häufigsten erwähnte Todesstrafe im Alten Testament ist die Steinigung in einer besonderen Spielart, die sie nahe an den Felssturz rückt. Das religiös geprägte jüdische Gemeindeleben verfolgte durch die Bestrafung des Übeltäters vor allem den Zweck, die Gemeinschaft wieder zu reinigen und Gottes Wohlgefallen zurückzugewinnen, womöglich ehe die Sonne unterging. Ein Verbrecher, der über Nacht an seinem Pfahl oder am Kreuz hing, verunreinigte nach jüdischem Glauben das ganze Land, daher die Bitte, den Leichnam Jesu Christi vom Kreuz abnehmen zu dürfen. Bei der jüdischen Todesstrafe der Steinigung bestand diese Gefahr nicht, denn sie begann mit dem Felssturz und endete damit, daß der vielleicht noch lebende Verbrecher unter Steinen und Erdschollen, die man auf ihn warf, begraben wurde und somit dem strengen Blick Jehovas entzogen war.

»Und viele Aussätzige waren in Israel zu des Propheten Elisa Zeiten«, heißt es Lukas 4,27, »und deren keiner ward gereinigt denn allein Naeman aus Syrien. Und sie wurden voll Zorns alle, die in der Schule waren, da sie das hörten, und standen auf und stießen ihn zur Stadt hinaus und führten ihn auf einen Hügel des Berges, darauf ihre Stadt gebaut war, daß sie ihn hinabstürzten.«

Im Mischna-Traktat Sanhedrin ist genau beschrieben, wie es dann weiterging. Der Delinquent wurde von einem Zeugen den Felsen hinabgestürzt. Kam er noch lebend unten an, so warf ein zweiter Zeuge einen Stein gegen sein Herz, und diesem Wurf des ersten Steins schloß sich dann die ganze Gemeinde an:

»Die Hand der Zeugen soll die erste sein, ihn zu töten, und darnach die Hand alles Volkes, daß du das Böse von dir tust« (5. Mos. 17,7) und, alles zusammenfassend, im gleichen Buch Deuteronomium (21,18 ff.):

»Wenn jemand einen eigenwilligen und ungehorsamen Sohn hat, der seines Vaters und seiner Mutter Stimme nicht gehorcht und, wenn sie ihn züchtigen, ihnen nicht gehorchen will, so sollen ihn Vater und Mutter greifen und zu den Ältesten der Stadt führen und zu dem Tor des Ortes (*wo, wegen der räumlichen Enge altjüdischer Siedlungen, die Gerichtssitzungen stattfanden*) und zu den Ältesten der Stadt sagen: Dieser unser Sohn ist eigenwillig und ungehorsam und gehorcht unsrer Stimme nicht und ist ein Schlemmer und Trunkenbold. So sollen ihn steinigen alle Leute der Stadt, daß er sterbe, und sollst also das Böse von dir tun, daß es ganz Israel höre und sich fürchte. Wenn jemand eine Sünde getan hat, die des Todes würdig ist, und wird getötet und man hängt ihn an ein Holz, so soll sein Leichnam nicht über Nacht an dem Holz bleiben, sondern du sollst ihn desselben Tages begraben – denn ein Gehenkter ist verflucht bei Gott –, auf daß du dein Land nicht verunreinigst, das dir der Herr, dein Gott, gibt zum Erbe.«

Als eine Strafe, bei der jedes Gemeindemitglied Hand anlegte, wurde die Steinigung allerdings auch spontan vollzogen, in einer Aufwallung, ohne Urteil, gleichsam als Lynchjustiz. Es gab ja keinen bestimmten Henker, sie waren alle gleichermaßen schuldig oder unschuldig – eine Situation, die noch heute manche Massenausschreitung und manchen kollektiven Gewaltakt begünstigt, der unterblieben wäre, wenn ein einzelner hätte die Initiative ergreifen müssen. Adoram, der unter David und Salomo hohe Hofämter bekleidet hatte, wurde unter König Rehabeam Aufseher der Fronarbeiten. Beim Aufruhr der Stämme gegen Rehabeam entsandte dieser den energischen Adoram, auch Adoniram genannt, um das Volk zu beschwichtigen. Die Wahl des Unterhändlers erwies sich als entscheidender Fehler: »Und da der König Rehabeam hinsandte Adoram, den Rentmeister, warf ihn *ganz Israel* mit Steinen zu Tode.« Der König selbst floh in einem Streitwagen, die jüdischen Stämme zerfielen in ein Nord- und ein Südreich. In diesem Falle war die Steinigung einem folgenschweren Volksentscheid gleichgekommen.

Es konnte so auch nicht ausbleiben, daß dieser besondere Charakter der Steinigung als einer Gemeindestrafe gegen schwarze Lämmer die streng nach dem Alten Testament lebenden Puritaner-Gemeinden der Neuen Welt in höherem Maße anzog als alle anderen Todesstrafen. Das ganze Gemeindeleben der Pilgerväter an der Massachusetts-Bay und in anderen Pflanzstätten ihres sektiererischen Eifers war auf dem Wahn aufgebaut, daß sie im siebzehnten (und auch noch im achtzehnten) Jahrhundert in einer Kolonie auf amerikanischem Boden so leben könnten wie ihre religiösen Vorbilder zweitausend Jahre vor ihnen im alten Orient. Zu vielen Absurditäten des puritanischen Strafvollzugs gesellte sich daher die in manchen kleinen Gemeinwesen erstaunlich lang bewahrte Sitte, zur Reinigung der Gemeinde von den geheimen Sünden alle vier Jahre ein Mitglied der Gemeinde zu steinigen. Aus welcher Sippe es genommen wurde, bestimmte das Los; innerhalb der Sippe stand den Angehörigen die Wahl frei, und es soll vorgekommen sein, daß selbst Kinder auf diese Weise gesteinigt wurden. Allerdings durfte jedes Gemeindeglied nur *einen* Stein werfen, so daß der Sündenbock – denn um nichts anderes handelte es sich –, wenn auch verletzt, meist mit dem Leben davonkam.

Bei aller Härte des altjüdischen Rechts findet sich jedoch in der Bibel keine Spur von diesem einem Menschenopfer nahekommenden Vorgang; es handelt sich um eines der vielen Mißverständnisse, denen die kleinen Puritanergemeinden der Neuen Welt in ihrer Isolierung, ihrem Eigensinn und ihrem sektiererischen Übereifer gar nicht entgehen konnten. Die bekannte Sündenbock-Stelle der Bibel gibt den deutlichen Hinweis auf die Reinigung durch eine Art Ableitung und Ablenkung der Sünden in das Tier:

»Und Aaron soll seine beiden Hände auf das Haupt des Bockes legen und bekennen auf ihn alle Missetat der Kinder Israel und alle ihre Übertretung in allen ihren Sünden, und soll sie dem Bock auf das Haupt legen und ihn durch einen Mann, der bereit ist, in die Wüste laufen lassen, daß also der Bock alle ihre Missetat auf sich in eine Wildnis trage; und er lasse ihn in der Wüste« (3. Mos. 16,21–22).

Steinwürfe trieben das Tier in die Wüste hinaus und hinderten es am Wiederkommen, und mit jedem Stein warf ein jeder von sich, was ihn belastet hatte. Es war ganz wörtlich so, als fiele jedem ein Stein von der Seele...

Wichtig an der Steinigung war nicht die Tötung des Gesteinigten, sondern nur die Nichtwiederkehr, die Ausstoßung für immer. Paulus wurde gesteinigt, und auch Christus wurde mit Steinen beworfen und vertrieben: Die betreffenden Gemeinden hatten in ihrem Sinn damit genug getan. Nur wenn ein Stein tödlich traf, dann mußte das Opfer mit Steinen so vollständig bedeckt werden, daß es nicht mehr sichtbar war, daß es verschwand auf Nimmerwiedersehen. Nach der allgemeinen Lossagung und Austreibung gab es keine Wiederkehr.

Verfolgt man diese archaische Strafe durch die Jahrhunderte weiter, so fällt auf, daß sie sich im griechischen Bereich noch verhältnismäßig häufig findet, im römischen jedoch überhaupt nicht mehr. So vieles auch aus der griechischen Bildung, Mythologie und Überlieferung ins Bewußtsein der Römer überging, die Strafe der Steinigung, die im kargen Griechenland nicht selten gewesen war, wird im bewaldeten, kultivierten Italien mit seinen weiten bebauten Flächen, in der römischen Bauernwelt und im späteren römischen Staatswesen nicht übernommen.

Abb. 2 Die Steinigung des Heiligen Stephanus. Als einer der sieben ersten Dia-
kone der Urgemeinde lebte Stephanus predigend und Wunder wirkend in Jerusalem. Verleumdet und gefangen genommen, wurde er von den Juden gesteinigt.
Holzschnitt eines unbekannten Bibelillustrators.

Eine der bezeichnendsten Steinigungen aus der griechischen Sagenwelt ist die des Palamedes, des Mannes, der Odysseus an List und
Einfallsreichtum ebenbürtig war, der Odysseus durchschaut hatte,
als dieser den Wahnsinnigen mimte, und an dem der Listenreiche sich
darum rächen wollte:

»Nach tagelangem, quälendem Nachdenken heckte Odysseus endlich einen Plan aus, wie er sich an Palamedes rächen könnte«, erzählt Robert von Ranke-Graves in seiner unübertrefflichen Mythen-Komposition. »Er sandte eine Botschaft an Agamemnon: ›Die Götter haben mich in einem Traum gewarnt: Uns steht Verrat bevor! Das Lager muß für einen Tag und eine Nacht verlegt werden!‹ Als Agamemnon den Befehl dazu gegeben hatte, vergrub Odysseus heimlich einen Sack voll Gold an der Stelle, wo das Zelt des Palamedes gestanden hatte. Dann zwang er einen phrygischen Gefangenen, einen Brief zu schreiben, der den Anschein erweckte, als wäre er von Priamos an Palamedes gerichtet, mit folgendem Inhalt: ›Das Gold, das ich überbringen ließ, ist der Preis, den du für den Verrat des griechischen Lagers verlangtest.‹ Nachdem er dem Gefangenen befohlen hatte, Palamedes den Brief zu übergeben, tötete Odysseus den Boten außerhalb des Lagers, noch bevor er das Schreiben aushändigen konnte. Als am nächsten Tag das Heer zum alten Lagerplatz zurückkehrte, fand einer die Leiche und brachte den Brief zu Agamemnon. Palamedes kam vor ein Kriegsgericht. Als er heftig leugnete, von Priamos oder sonst jemandem Gold erhalten zu haben, schlug Odysseus vor, sein Zelt zu durchsuchen. Das Gold wurde schnell gefunden, *und das ganze Heer steinigte Palamedes als Verräter zu Tode.«*

Auch bei den Griechen war die Steinigung ganz folgerichtig die Strafe für jene Vergehen, die Unheil über alle bringen mußten, wie der Verrat im Kriege, für den das ganze Heer Rache nimmt, der Königsmord, der falsche politische Rat, aber auch die Rebellion. Vor allem aber wurden auch jene Verbrecher gesteinigt, die ganz wie in der jüdischen Gemeinschaft den Zorn der Götter auf ein Dorf oder eine Stadt herabrufen mußten: Religionsfrevler also oder Tempelschänder.

Der persische Statthalter Artayktes hatte das Heiligtum des Protesilaos bei Elaius beraubt: »Er ließ die Tempelschätze von Elaius nach Sestos schaffen, ließ in dem heiligen Bezirk säen und ernten, und wenn er selber nach Elaius kam, schändete er in dem heiligen Gemach die Frauen«, berichtet Herodot im neunten Buch seiner Historien. Aber die Griechen belagerten und eroberten Sestos und fingen Artayktes und seinen Sohn, die aus der eingeschlossenen Stadt geflüchtet waren. Der Satrap bot die ungeheure Bußgeldsumme von dreihundert Talenten, »aber auf dieses Anerbieten ging der Feldherr Xanthippos nicht ein. Die Elaiusier forderten als Sühne für Protesilaos den Tod des Persers, und derselben Meinung war auch der Feldherr. Sie führten Artayktes an die Stelle der Küste, wo Xerxes die Brücke geschlagen hatte – andere sagen, auf die Höhe oberhalb der Stadt –, und schlugen ihn ans Kreuz. Den Sohn steinigten sie vor den Augen des Artayktes.«

Der Sachverhalt ist klar: Keine noch so hohe Lösegeld-Zahlung hätte die Gemeinde der Griechen von Elaius vor ihren Göttern reinigen können und das verletzte Heiligtum des Protesilaos in seiner kultischen Reinheit wiederhergestellt. Der Satrap wurde darum als Opfer an den Kreuzespfahl genagelt, aufgerichtet und den Göttern überlassen, die ihn mit Wind und Sonne bestrafen und töten würden; am Sohn vollzog man, so daß der Vater es mitansehen und miterleben mußte, die reinigende Strafe der Steinigung.

Die Römer übernahmen aus diesem altertümlichen Strafenkatalog die Kreuzigung, haben sie aber vermutlich nicht bei den Griechen, sondern bei den Karthagern kennengelernt, mit denen sie ja wiederholt in kriegerische Berührung kamen. Aus der Prozedur der Steinigung übernahmen die Römer nur deren ersten Akt, den Felssturz.

Als einfache, spontane, nicht durch ein Urteil provozierte Bestrafung war die Steinigung allerdings nie an einen bestimmten Kulturkreis gebunden und fand sich zweifellos überall, wo es Menschen und Steine in genügender Anzahl gab. Als die Nachricht vom Tode des Germanicus am Tiber eintraf, bewarfen die erbosten Römer die Götterbilder mit Steinen, weil die Götter den Tod eines so herrlichen

Feldherrn nicht hätten zulassen dürfen, und noch heute muß sich mancher Heilige in kleineren italienischen Gemeinden Steinwürfe gefallen lassen, wenn er Bitten nicht erfüllt oder ein Unglück von der Gemeinde nicht abgewendet hat.

In diesem Sinn, als Lynchjustiz und als Willensäußerung des Pöbels, hat die Steinigung schon im Mittelalter auch auf Mitteleuropa übergegriffen. Der Scharfrichter Schmidt aus Nürnberg berichtet wiederholt, daß das Volk ihm zu seinen Hinrichtungen gar nicht Zeit ließ. Die Menge drängte mit ihm durch das Tor, denn in der Stadt hielt man sich noch zurück, griff dann aber draußen auf dem Anger nach Steinen und Erdschollen und warf die Delinquenten zu Tode. Das war vor allem dann der Fall, wenn es sich um Zauberei oder um schwere Sexualdelikte handelte. Genauso erging es – nach einer von Hentig entdeckten Stelle in der Chronik des Asmus Bremer – einer alten Frau, der Trienke Hasen aus Heylingenhafen, die im März 1668, einem Jahr besonderer Hexenfurcht, vor den Toren der Stadt Kiel zu Tode gesteinigt wurde:

»... wegen ihrer Mißhandlung, so sie mit Raten, Wicken- und Segensprechen, auch viel andern abergläubischen Dingen getrieben, des Landes ewig verwiesen und um zwölf Uhr mittags, wie gewöhnlich, durch den Frohnen (*Frohnboten* = *Scharfrichter*) bis an die Grenzen der Stadt gebracht. Sie ist aber von dem nachlaufenden Volk und Jungens auf dem Weg nach dem Hagen zu mit Steinen zu Tode getroffen und des andern Tags von dem Büttel eingegraben worden.«

Immer dann, wenn das Volk eine Strafe als unzureichend empfand oder wenn es sich im Ganzen durch eine Untat oder durch einen Verbrecher beleidigt fühlte, griff es zu den Steinen und verschaffte sich damit sein Recht. So gab es praktisch kaum eine Möglichkeit, die Steinigung jener Übeltäter zu verhindern, die an den Pranger gestellt wurden oder die man zum gleichen Zweck der Bloßstellung durch die Stadt führte. Derartige Steinigungen werden aus England, Schottland, aber auch aus skandinavischen Ländern berichtet, wo sie auf ältere Traditionen zurückzugehen scheinen. Im baumarmen Island wurde so lange gesteinigt, bis ein kleiner Kegel von Steinen den Verbrecher den Blicken entzog. In Schottland und Norwegen findet man in alten Rechtsbüchern gelegentlich Torfschollen anstelle der Steine erwähnt, und sie wurden wohl auch bei der praktischen Durchführung benützt.

In allen germanischen Ländern aber gehörte zur Steinigung auch das Verfluchen. Die Steinwürfe wurden mit Flüchen begleitet, man warf nicht kalt und unbeteiligt, um eine Hinrichtung zu vollziehen, sondern gab jedem Stein eine Verwünschung mit auf den Weg, um sich Wut, Enrüstung, vielleicht auch die Scham über die Schande des Gemeindemitglieds von der Seele zu laden.

Und auch das, dieses uralte Reinigungs- und Selbstbefreiungsritual mit seiner tiefen therapeutischen Weisheit begegnet uns schon in der Bibel, wenn Simei dem David flucht und ein treuer Diener des Königs dafür »hingehen will und ihm den Kopf abreißen«, während David weise sagt: »Laß ihn fluchen, denn der Herr hat's ihn geheißen.« Die merkwürdige Stelle schließt mit einem bezeichnenden Bild:

»Also ging David mit seinen Leuten des Weges; aber Simei ging an des Berges Seite her ihm gegenüber und fluchte und warf mit Steinen nach ihm und besprengte ihn mit Erdenklößen« (2. Samuel 16,5–13).

Aus der uralten Strafe der Steinigung führen viele Übergänge und Beziehungen zu Strafen, die für andere Völker charakteristisch geworden sind. Von allen Felsvorsprüngen, die sich für das Hinabstürzen von Übeltätern anboten, ist wohl keiner so berühmt geworden wie der Tarpejische Felsen der Stadt Rom, der als Südabfall des Kapitolinischen Hügels nicht nur von der ganzen Stadt aus sichtbar war, sondern sich auch jedem einprägte, der die Stadt am Tiber je besucht hatte.

Der Name des Felsens stammt von seinem ersten Opfer, von Tarpeia, einem Mädchen, das in sagenhaft frühen Zeiten Rom an die Sabiner verraten haben soll. Sie hatte jedoch keinen Nutzen davon, denn die Sieger, die den Verrat ebenso verachteten wie alle anderen Kulturvölker der Antike, stürzten Tarpeia von jenem Felsen zum Tiberufer hinab. Die Szene wiederholte sich ganz ähnlich, als zu Sullas Zeiten ein Sklave seinen proskribierten Herrn, den Tribunen Publius Sulpicius, verriet. Sulla ließ dem Sklaven zwar die ausgesetzte Belohnung ausbezahlen, ihn jedoch am nächsten Tag vom Tarpejischen Felsen hinabstürzen, weil es ein todeswürdiges Verbrechen war, wenn ein Sklave seinen Herrn verriet...

Der Felsen, der im alten Rom noch deutlicher über die Stadt emporragte als heute, da die moderne Bebauung wesentlich höher liegt als die antiken Siedlungsschichten, war zweifellos eine sehr alte und oft benützte Hinrichtungsstätte. Die Nähe zum Kapitol schuf jedoch eine besondere Beziehung zum militärischen Schicksal der Stadt. Es scheint, daß in späteren Zeiten vor allem Verräter, Meuterer und Aufwiegler, also Staatsverbrecher oder schuldig gewordene Soldaten, von diesem Felsen gestürzt wurden: Im Jahr 214 vor Christus waren es gleich dreihundertsiebzig, nämlich alle Überläufer, welche die Karthager nach einer Niederlage gegen die Römer hatten herausgeben müssen.

Zu Beginn der frühen Kaiserzeit wurde es dann etwas stiller um den Felsen, Rom war längst nicht mehr in Gefahr, verraten oder gar erobert zu werden, und verräterische Sklaven starben nun gemeinhin am Kreuz. Erst unter Tiberius, der die Todesstrafen vervielfältigte und sich für jede einzelne Prozedur besonders interessierte, kam es wieder zu zahlreichen Felsstürzen, verschärft durch das altertümliche, schimpfliche Verfahren des Leichen-Abtransports: Man schlug Flei-

scherhaken in die Leiber der Hinabgestürzten, schleifte sie so die Ge-
monische Treppe hinab und warf sie dann in den Tiber. Während es
Sitte geworden war, Frauen nicht mehr öffentlich hinzurichten, sondern zu erdrosseln, verhungern zu lassen oder – wenn es sich um den
seltenen Fall einer schuldig gewordenen Vestalin handelte – sie zu
Tode zu geißeln, ließ Tiberius Männer, Frauen, ja sogar Halbwüchsi-
ge vom Felsen stoßen und mit Haken in den Tiber schleifen. »Noch
jetzt«, schreibt Sueton etwa achtzig Jahre nach dem Tod des Tiberius, »zeigt man auf Capri die Stätte seiner Henkerei, von wo er die
Verurteilten nach langen, ausgesuchten Martern in seiner Gegenwart ins Meer hinabstürzen zu lassen pflegte, während unten ein auf
sie wartender Haufe von Matrosen die Leichname mit Stangen und
Rudern vollends zerschmetterte und ihnen den letzten etwa noch
übrigen Lebenshauch austrieb.«

Es war also nicht nur der Tarpejische Felsen, der diesen düsteren
Charakter gewann, sondern offenbar noch manche andere geeignete
Klippe, selbst wenn sie auf einem von den Göttern so ausgezeichne-
ten und beinahe paradiesischen Eiland lag wie der Insel Capri.

Dort, wo die steilen Felsen und hervortretenden Klippen selten
waren, in der niederdeutschen und dänischen Moorlandschaft etwa,
trat eine andere Komponente des Steinigungsrituals in den Vordergrund: das Lebendigbegraben. Bei den Juden war in der klassisch-
vollständig ablaufenden Steinigung auf die Felssturz die Lapidation
gefolgt und auf diese die Überdeckung des Leichnams mit Steinen
und Erdschollen. In der nordeuropäischen Alluvial-Landschaft war
nur der letzte Akt nachzuvollziehen: Man konnte den Übeltäter aus
dem Angesicht der Götter entfernen und für immer von der Gemeinde absondern, indem man ihn ins Moor versenkte. Da bei dieser
Strafe kein Blut vergossen werden mußte, wurde sie bald vor allem
bei Frauen angewendet, denn die Scheu, Frauenblut zu vergießen,

war besonders bei den kriegerischen germanischen Völkern stark ausgeprägt. Die Hinrichtung mit dem Schwert setzte sich, soweit sie Frauen betraf, in Mitteleuropa erst gegen Ende des Mittelalters, ja in der frühen Neuzeit durch.

Die älteste Erwähnung der Versenkung im Moor findet sich in der *Germania* des Tacitus. Man hat ihr so gern geglaubt, wenn sie von den Germanen Positives zu berichten weiß, so daß man auch die Mitteilung über das Versenken im Moor, wie sie sich im zwölften Kapitel findet, nicht gut anzweifeln kann:

»Die Strafen richten sich bei den Germanen nach der Art des Vergehens. Verräter und Überläufer hängt man an einen dürren Ast. Feiglinge, Fahnenflüchtige und solche, die ihren Leib durch widernatürliche Unzucht geschändet haben, versenkt man in einem Moor oder Sumpf und überdeckt sie noch mit Gestrüpp.«

1455 wurde das lange Zeit verschollene, so wichtige Werk des großen römischen Historikers wieder aufgefunden, aber noch einige weitere Jahrhunderte vergingen, ehe die Bodenfunde in Norddeutschland und Dänemark seine Berichte über germanische Todesstrafen in überzeugender Weise bestätigten. 1773 machte man den ersten Fund, der beträchtliches Aufsehen erregte, und in den annähernd zweihundert Jahren seither kamen nicht viel weniger als zweihundert Moorleichen oder doch eindeutige Hinweise auf solche Hinrichtungen ans Tageslicht. Es ist nun also nicht mehr daran zu zweifeln, daß es sich bei der Mitteilung des Tacitus nicht um die Schilderung eines Einzelfalls, eines nur bei einem Stamm üblichen Verfahrens handelt, sondern um eine gemeingermanische Todesstrafe, die in Norddeutschland, Dänemark und Holland, sicherlich aber auch auf der skandinavischen Halbinsel durch Jahrhunderte üblich war.

Einzelne der gefundenen Moorleichen waren so gut erhalten, daß die örtliche Polizei zunächst an einen Kriminalfall glaubte und Gewißheit sich erst einstellte, wenn ein Archäologe den Fund besichtigt hatte. Professor Peter Glob von der dänischen Universität Aarhus wurde 1950 zu solch einer rätselhaften Fundstätte im Tollund-Moor gerufen:

»Ich begab mich sofort nach dem Tollund-Moor«, schreibt Glob in seinem Bericht, »einem schmalen Sumpfstreifen zwischen hohen Hügeln in einem unwirtlichen Gebiet Mitteljütlands. In einem Torfbruch lag, in etwa zwei Metern Tiefe, eine gekrümmte menschliche Gestalt. Sie war erst halb ausgegraben. Ein Fuß und eine Schulter waren schon sichtbar; sie waren völlig unversehrt, aber so tiefbraun gefärbt wie der Torf, der sie umgeben hatte. Als wir mit größter Vorsicht noch mehr Torf abhoben, kam auch der Kopf zum Vorschein. Es war Abend und das Licht nur noch schwach, aber wir vermochten die Gestalt als Mann zu erkennen. Er lag auf der Seite, als schlafe er; die Beine hatte er unter den Leib gezogen, die Arme angewinkelt, die Augen friedlich geschlossen. Die Stirn allerdings war gefurcht und der Mund ein wenig verzerrt, als sei er ärgerlich ob der plötzlichen Störung seiner langen Ruhe. Daß diese schon zweitausend Jahre währe, bewies überzeugend der Torf selbst, der in einer zwei Meter dicken Schicht den Körper überlagert hatte.«

Noch stärkeren Anteil als an diesem Fund nahm die Öffentlichkeit, als wenige Jahre darauf im niederdeutschen Domlands-Moor der gut erhaltene Leichnam eines Mädchens gefunden wurde, einer Sünderin von kaum sechzehn Lenzen, die weder ihre Jugend noch ihre Schönheit vom Tode hatte retten können. Man hatte ihr das Haar auf der einen Schädelhälfte abrasiert (eine Ehrenstrafe gegen Frauen, die sich bis auf den heutigen Tag erhalten hat), danach die Augen verbunden und die Kleider vom Leib gezogen. Seltsamerweise trug sie einen gut gearbeiteten, zweifellos kostbaren Pelzkragen um den Hals, sonst nichts. So legte man sie in eine Grube am Moor, in der schon etwas Wasser stand, und beschwerte sie noch mit einem großen Stein, gegen dessen Gewicht sie sich verzweifelt gewehrt haben muß. Dann starb sie und blieb in den konservierenden braunen Schollen, die ihren Leib lückenlos umgaben, zwei Jahrtausende lang liegen. Aber das Moor von Windeby im Kreis Eckernförde war nicht ihr letzter Ruheort; sie wurde, als eine der wenigen unter Tausenden, die ihr Schicksal teilten, gefunden und gehoben und ihr Leib präpariert. Die junge Germanin, die ihren Frevel mit dem Tode gebüßt hat, ist heute ein Museumsstück.

Noch an der Schwelle christlicher Zeiten wurden bei germanischen Völkern solche Sumpf-Versenkungen vorgenommen: Der Missionar Wolfred, der sich zu heidnischen Stämmen in Schweden begeben hatte und dort, um die Ohnmacht der Germanengötter zu beweisen, ein Abbild des Gottes Thor in Stücke schlug, wurde auf der Stelle getötet. Seinen verstümmelten Leichnam versenkten die erbitterten Schweden dann in ein Moor, so, wie sie es zweifellos seit Jahrhunderten mit allen Religionsfrevlern getan hatten. Besonders häufig aber bleibt nach der gesamten Quellenlage die Versenkung von Frauen in moorige Gewässer, Sümpfe oder Moorlöcher, ob sie nun Ehebruch begangen, Zauberei getrieben oder sich des Verrats schuldig gemacht hatten.

Als typische Weiberstrafe ist das Lebendigbegraben auch in spätere Jahrhunderte eingegangen und bei deutschen Stämmen üblich geworden, die in ihrem Lebensbereich keine großen Moore mehr aufzuweisen hatten. Der Vorgang blieb der Prozedur verwandt, die uns Tacitus schildert: Die Verurteilte stieg im Hemd in eine Grube (alte Volksrechte fordern ›nackend‹, aber das wird im christlichen Mittelalter selten der Fall gewesen sein), wurde oft mit einer Lage Dornen bedeckt, ja mitunter sogar auf Dornen gebettet. Die Dornendecke sollte sie an der Wiederkehr hindern, sollte ihren rachedurstigen Geist von der Dorfgemeinschaft fernhalten, wogegen die Dornenbettung nur als Strafverschärfung aufzufassen ist. Danach wurden Erde und Steine auf sie geschüttet, bis sie erstickte.

Manche Rechtsbücher sprechen von einem Rohr, das man der Delinquentin in den Mund stecken solle: Es war zweifellos eine Strafverschärfung, weil es das Leiden verlängerte. Auch Trank wurde der Ärmsten bisweilen noch eingeflößt, was ebensowenig als Menschlichkeit zu verstehen ist wie das Atemrohr: Man wollte bloß etwas zu sehen haben, man wollte verfolgen, wie lange sie es noch schaffte in ihrem steinernen Bett und mit der Last von einigen Kubikmetern Erde auf dem Leib.

Regelmäßiger als diese örtlichen Ausschmückungen einer alten Strafe trat jedoch die Pfählung der Begrabenen auf, ja die Pfählung ist in Mitteleuropa kaum anders bezeugt als im Zusammenhang mit

Abb. 3 Pfählung einer Frau. Ein angespitztes Holz wird durch das Herz der Verurteilten getrieben. Aus Wolf Neubauers handschriftlicher Chronik von Nürnberg aus dem Jahre 1601.

dem Lebendigbegraben (einige Hinrichtungen durch Pfählung ohne Begraben, wie sie aus Ungarn noch aus dem achtzehnten Jahrhundert berichtet werden, sind Ausnahmen, die zweifellos auf den türkischen Einfluß zurückgehen).

Ein Urteil, das 1570 in Ensisheim im Elsaß gegen eine Kindsmörderin gefällt wurde, bestimmt ausdrücklich, daß der Scharfrichter die Übeltäterin lebendig ins Grab legen solle, dazu »zwo Wellen Dörn, die ein under und die ander uff sie –, doch daß er ihr zuvor ein Schüssel uff das Angesicht legen, in welche er ein Loch machen und ihr durch dasselb (damit sie desto länger leben und bemeldte böse Mißhandlung abbüßen möge) ein Rohr in Mund geben, volgens uff sie drey Sprüng tun und sie darnach mit Erden bedecken solle«.

Eduard Osenbrüggen, der dem Lebendigbegraben eine eigene kleine Studie gewidmet hat, beruhigt seine Leser jedoch durch die Mitteilung, daß die im Urteil so grausam geschilderte Strafe nicht tatsächlich auf diese Weise exekutiert wurde: »Edle Frauen kamen aber bei der Regierung um Milderung der Strafe ein, und die Verurtheilte wurde in der Ill ertränkt.« Die schweizerischen Hochgerichtsordnungen jedoch behielten diese grausame Strafe bis zur (vorübergehenden) Einführung der *Carolina* in der Schweiz bei.

Für vornehme Personen, die in der Welt Anstoß erregt oder ein Verbrechen begangen hatten, kam schon im alten Rom die in ihren Konsequenzen zweifellos ebenfalls grausame Strafe des Einmauerns auf, die meist auf Verhungern und Verschmachten hinauslief oder, wenn die Zelle sehr klein war, den Erstickungstod mangels atembarer Luft bedeutete.

Häufiger angewendet wurde die Strafe jedoch erst in den deutschen Reichsstädten im Mittelalter. Hier hatten insbesondere die angesehenen Familien stets streng auf ihren Ruf zu achten; in der Kleinwelt dieser ja meistens nur zehn- bis zwanzigtausend Einwohner zählenden Städte wurde keine Sünde vergessen, kein Fehltritt verziehen, kein Makel getilgt, und es gab vor dem auch heute noch unbarmherzigen Kleinstadtklatsch kaum eine andere Rettung als den heimlichen oder häuslichen Strafvollzug.

Der Augsburger Doktorand Helmut Schuhmann ist in seiner wertvollen Dissertation über den Scharfrichter auch dieser Strafe besonders nachgegangen, entspricht sie doch besser als jede andere dem Geist süddeutscher Kleinstädterei. Die Einmauerungen wurden meist im eigenen Haus vorgenommen; war dieses dafür ungeeignet, so kam auch das Haus eines Verwandten oder das städtische Spital in Frage. Ein Notzüchter namens Bartholomä, dessen Familienname nur abgekürzt bekannt ist, wurde im Jahr 1437 seinen vier Brüdern übergeben, die ihn lebenslang gefangen halten sollten, und der Ehebruch einer Bürgersfrau mit einem Juden wurde im stillen dadurch liquidiert, daß der Ehemann sich verpflichtete, seine Frau einzumauern und dem Stadtvogt den Schlüssel zu dem Zellenraum zu übergeben. Ein junger Mann namens Ulrich Honold, der zu seiner Schwester verbotene Beziehungen aufgenommen hatte, verschwand auf die gleiche Weise aus dem Kreis der Mitbürger und soll in seinem Mauergefängnis noch vier Jahrzehnte gelebt haben.

Hauptvorteil dieses Strafvollzugs war für den Delinquenten, daß er nach einigen Jahren auf Begnadigung rechnen durfte. Die Einmauerung, wie die alten Quellen es nennen, war zwar ein Abschied vom Leben, aber nur in den seltensten Fällen ein faktisches Todesurteil, denn die Verwandten bauten das Gefängnis schon so, daß man darin so lange leben konnte, bis Gras über die Angelegenheit gewachsen war und eine Fürsprache zu einer Begnadigung führen mochte. Diese lautete dann allerdings kaum je auf völlige Befreiung: Der einmal Verurteilte durfte seinen Mitbürgern ja nicht mehr unter die Augen kommen, sonst war die Wirkung der Bestrafung gefährdet. Es gab Umwandlung in den Landesverweis oder die Verweisung aus dem Umkreis der Stadt, es gab die leichtere Haft im Spital, wo der Verurteilte zwar an einer langen Kette lag, aber sich immerhin in gelüfteten Räumen bewegen und sich einigermaßen pflegen konnte.

Vor allem durch diese Gnadenakte verwischen sich die Übergänge zu einer der häufigsten Strafen für adelige Personen, insbesondere für Frauen und Mädchen, die Unwillen erregt, die Politik der Familie gestört oder sich eines Verbrechens schuldig gemacht hatten: Die Strafe des weltlichen Todes in Form einer lebenslangen Einweisung ins Kloster. Sie wurde in Italien, Frankreich, Spanien, aber auch in Deutschland häufig praktiziert, und die Fälle einer Rückkehr ins Leben sind erstaunlich selten. Entweder erkannte die Internierte selbst, daß sie im klösterlichen Frieden noch immer besser aufgehoben sei als inmitten der oft lebensgefährlichen und intriganten Familienpolitik, oder aber es war der Machthaber, der nach einer Weile, wenn sich nur noch wenige an die Klosterinsassin erinnerten, ein kleines Mordkommando ausschickte und die zunächst nur aus der Hauptstadt entfernte unliebsame Verwandte oder Gattin endgültig ins Jenseits befördern ließ. Zwei jener drei burgundischen Prinzessinnen, die in die bis heute nicht völlig geklärte Affäre um den Pariser Nesle-Turm verwickelt waren, kamen auf diese Weise ums Leben: Marguerite starb am 13. April 1315 den scheußlichen Erstickungstod zwischen zwei Matratzen, eine jener infamen heimlichen Hinrichtungen, vor denen Schloß- und Klostermauern niemals schützten, und die wegen ihrer Schönheit berühmte Blanche ging im Alter von neunundzwanzig Jahren in der Abtei von Maubuisson zugrunde. Weil sie Prinzessinnen waren, mußten sie heimlich sterben – ihre Liebhaber, die Brüder Philippe und Gaultier d'Aunay, hatte man gefoltert, kastriert, bei lebendigem Leibe geschunden, dann geköpft und ihre Leiber unter den Achseln zur Abschreckung aufgehängt...

Wasser und Feuer

Von allen Elementen spielte das Wasser in den frühen Menschheitskulturen die größte Rolle. An den Küsten, an Seeufern und in Flußtälern entstanden die ersten festen Siedlungen. Die Gewässer boten nicht nur durch ihren Fischreichtum eine nie versiegende Nahrungsquelle, sondern auch den bequemsten und leistungsfähigsten Transportweg und sehr oft auch Schutz gegen räuberische Wanderstämme. Die Völker, die am Meer wohnten, gewannen aus Ebbe und Flut, aus den Stürmen und aus der Unendlichkeit dieser Wasserfläche vor ihrer Tür den nicht mehr zu tilgenden Eindruck besonderer Kraft und Macht des Elements.

Darüber hinaus aber war das Wasser, vor allem das bewegte Wasser des Meeres und das fließende der Ströme, ein Element von immer wieder erneuerter Reinigungskraft. Es spülte ab und spülte fort, und was man ins Wasser warf, verschwand auf Nimmerwiedersehen.

Aus all diesen Gründen spielt das Wasser schon früh eine besondere Rolle im Strafvollzug; es bot sich ja geradezu an, dem Menschen das undankbare Geschäft des Tötens abzunehmen. Es genügte, einen Verbrecher oder Frevler dem Wasser zu überantworten; die heilige, die reinigende Flut würde dann schon nach ihrem geheimen und höheren Wissen mit ihm verfahren, ihn ertränken, ins Unendliche hinausziehen oder an irgendeinem fernen Gestade wieder ans Land setzen. Das Wasser wirkte also wie ein Orakel, es entsprach dem heimlichen Verlangen nach einem Gottesurteil und nahm der Gemeinde die letzte Verantwortung für das Schicksal des auszustoßenden Gemeindemitglieds in einer Weise ab, die niemanden mit dem Fluch der Ungerechtigkeit oder dem Makel des Irrtums behaftete.

Was wir heute kurzweg die Strafe des Ertränkens nennen, war in seinen frühesten Formen ein hartes Spiel um Leben und Tod oder, wie die Wissenschaft es nennt, eine Zufallsstrafe *par excellence*. Die Friesen, der älteste und mit dem Meer wohl vertrauteste deutsche Seefahrerstamm, hatten für das Todesurteil die Umschreibung ›in die Nordsee führen‹. Aber wie geschah das? Nicht etwa dadurch, daß man den Delinquenten von einem Boot aus ins Wasser warf, gebunden, daß er nicht schwimmen konnte, oder gar in einen Sack genäht, wie einst bei den Römern, sondern durch ein Orakel an der Flutgrenze. Dort, wo nach der Erfahrung der Anwohner die Flut ihre letzten hohen Wogen hinschickte, wurde ein Pfahl eingerammt und der Verurteilte daran gebunden. War an diesem Tag – durch Ostwind oder andere Gründe – der Tidenhub besonders gering, so konnte er mit dem Leben davonkommen; in der Regel freilich umspülte das Wasser seinen Kopf und tötete ihn.

Eine andere Form des Losentscheids war das Aussetzen in einem gebrechlichen oder ruderlosen Schiff. Es ist uns häufiger bezeugt, als man meinen möchte, und zwar nicht nur als Strafe gegen Meuterer oder als ein auf hoher See verhängtes Urteil, sondern als eine Form der Todesstrafe bei seefahrenden Völkern. In der Sage von König Karl und den Friesen (Grimm 450) heißt es:

»...und der König wollte ein Ding (*Gericht*) halten; das vermocht er nicht, denn soviel ledigen Landes war nicht da, darauf er dingen konnte. Da sandte er in die sieben Seelande und hieß ihnen, daß sie ihm eine freie Stelle gewönnen, darauf er möchte dingen. Da kauften sie mit Schatz und mit Schilling Deldemanes. Dahin dingte er und lud die Friesen, dahin zu ihm zu fahren und sich ihr Recht zu erkören ... Da baten sie Frist zu ihrer Vorsprechung.«

Die Friesen, die ihr eigenes altes Recht sehr genau kannten, zögerten den Beschluß mit allen Mitteln immer weiter hinaus, bis Karl die Geduld riß:

Abb. 4 Ertränken eines Verurteilten in Wien 1592. Kupferstich von Jan Luyken.

»Des sechsten Tages hieß er sie Recht kören. Da sprachen sie, sie könnten nicht. Da sprach der König: ›Nun leg ich euch vor drei Kören (*Möglichkeiten*), was euch lieber ist: daß man euch töte oder daß ihr alle eigen (*leibeigen*) werdet oder daß man euch ein Schiff gebe, so fest und stark, daß es eine Ebbe und eine Flut mag ausstehen, und das sonder (*ohne*) Riem und Ruder und sonder Tau?‹

Da erkoren sie das Schiff und fuhren aus mit der Ebbe so fern weg, daß sie kein Land mehr sehen mochten...«

Als Kaiser Lothar im Jahr 834 die Stadt Châlons eroberte, wurden einige Grafen hingerichtet, andere gefangen weggeführt; eine Nonne jedoch, die Schwester des Markgrafen von Septimanien,

41

wurde in einem Faß auf der Saône ausgesetzt, trieb ab und ertrank (nach den Jahrbüchern von St. Bertin). Nithard berichtet den gleichen Vorfall mit dem Zusatz, daß jene Nonne ›wie eine Verbrecherin‹ ertränkt worden sei; das Ertränken bzw. das Aussetzen in einem untauglichen Fahrzeug war also eine bekannte Strafe. Nithard nennt auch den Namen der Unglücklichen: Gerberga. Am schärfsten urteilt aber Thegan (*Vita Hludowici* 52):

»Lothar aber hielt sich in Châlons-sur-Saône auf, wo er viel Schlechtes verübte, die Kirchen Gottes plündernd, und machte die Treuen seines Vaters, wo er ihrer nur habhaft werden konnte, die Gesandten allein ausgenommen, zu Märtyrern. Überdies auch ließ er eine Nonne, die Schwester Herzog Bernhards, mit Namen Gerbrich, in ein Weinfaß stecken und in den Fluß Araris werfen, von dem der Dichter (*Vergil*) singt ... und er peinigte sie lange, schließlich ließ er sie töten nach dem Urteil der Frauen seiner nichtswürdigen Ratgeber.«

Aus allen drei Quellen, vor allem aber aus Thegans Nachsatz, scheint hervorzugehen, daß das Ertränken in seinen verschiedenen Formen schon im neunten Jahrhundert in erster Linie eine Frauenstrafe war. Bei den Bretonen und Angelsachsen begegnen uns noch zahlreiche Aussetzungen von Männern, auch das Anpflocken an der Flutgrenze und ähnliche Ertränkungsriten wurden zweifellos an Männern ebenso vorgenommen wie an Frauen. Der heilige Brandan erreichte, in ein Boot ohne Ruder gesetzt, dank der Hilfe Gottes sogar jene wunderbare, seither immer wieder gesuchte atlantische Insel, die als Sankt-Brandans-Insel eines der sagenhaften Eilande geworden ist wie Thule, Orplid oder Avalun.

Seit Karl dem Großen aber, seit der Zeit, da die verschiedenen deutschen Stämme seßhaft und geordnet zu leben beginnen und ihre alten Volksrechte aufgezeichnet werden, scheiden sich die Strafen, und das Wasser kommt der germanischen Scheu entgegen, das Blut

Abb. 5   Ertränken in Faß und Sack 1560. Kupferstich von Jan Luyken.

von Frauen vergießen zu müssen. Die arme Gerberga zu martern
kostete Lothar, wenn man Thegan glauben darf, keinerlei Überwin-
dung. Dann aber, als er sich ihrer endgültig entledigen wollte, ließ
er sich von den Frauen seiner Räte eine schimpfliche Frauenstrafe
nennen, und es ging zu wie in jenem grausamen Märchen von der
Gänsemagd (Grimm 89), in dem der alte König die betrügerische
Kammerfrau fragt, »was eine solche wert wäre, die den Herrn so
und so betrogen hatte... welches Urteils ist diese würdig?« Da
sprach die falsche Braut: »Die ist nichts Besseres wert, als daß sie
splitternackt ausgezogen und in ein Faß gesteckt wird, das inwendig
mit spitzen Nägeln beschlagen ist...«

Nur daß Lothar, der König, das Urteil nicht an der Ratgeberin vollziehen ließ wie der König im Märchen, sondern an Gerberga. Denn nur im Märchen siegt immer das Gute.

Dem eigentlichen Ertränken haftet der Charakter einer Zufallsstrafe längst nicht so deutlich an wie diesem Einnageln in ein Faß oder Aussetzen in einem Boot. Ja, die Römer verschärften das Ertränken noch dadurch, daß sie den Delinquenten in einen Sack steckten und ihm Tiere beigaben, die in ihrer Todesangst um sich bissen und kratzten. In der Stadt am Tiber hatte sich für diese schwere Strafe, die nur auf Verwandtenmord stand, ein besonderes, düsteres Ritual herausgebildet. »Nach den uns... vorliegenden Berichten«, schreibt Mommsen, »wird dem Verurteilten nach vorheriger Geißelung mit einer Kappe von Wolfsfell das Haupt verhüllt, ihm Holzschuhe an die Füße gelegt, er dann in einen rindsledernen Sack gesteckt zugleich mit Schlangen und anderem Getier und auf einem mit schwarzen Rindern bespannten Wagen zum Fluß gefahren und in diesen gestürzt.«

Das ›andere Getier‹ waren meist ein Hund, ein Hahn, mitunter auch ein Affe, der die gelehrten deutschen Juristen in einige Verlegenheit brachte; denn da sie es liebten, möglichst streng und getreu nach dem römischen Rechtsbrauch zu verfahren, hätten sie zu gerne auch bei deutschen Säckungsstrafen einen Affen mit in den Sack gesteckt, nur fanden sie diese Tiere in unseren Breiten eben nicht vor.

Wurde nicht gesäckt, so wurden der Verurteilten oft Steine an den Hals oder an die Füße gebunden, oder sie wurde so gefesselt, daß auch die einfachsten Schwimmbewegungen unmöglich gemacht waren. Eines der strengsten deutschen Rechtsbücher, die Zürcher Blutgerichtsordnung aus dem fünfzehnten Jahrhundert, verlangt, daß der oder die zu Ertränkende an den Hand- und Fußgelenken gebunden werde; dann sollten die gebundenen Füße zwischen den Händen emporgezogen und diese Haltung durch einen quer eingeschobe-

44

Abb. 6 Ertränken eines Mannes im 16. Jahrhundert. Arme und Beine zusammengebunden, wird der Verurteilte dem Fluß übergeben. Holzschnitt aus einer Schweizer Chronik aus dem Jahre 1548.

nen Stock fixiert werden. So sollte der Delinquent ins Wasser geworfen werden, »im Wasser sterben und verderben«.

Die Basler, die schon damals alles anders zu machen begehrten als die Zürcher, setzten diesem harten Brauch die zweifellos menschlichste aller bekanntgewordenen Vollzugsweisen entgegen. »Die Kindsverderberin oder Mörderin wurd nach dem erhaltenen Endurtheil auf die Rheinbruck geführt, mit Hälsig und Stricken von dem Nachrichter ihro die Hände und Füße zusammengebunden, zwo aufgeblasene Rindsblattern an Hals und an die Füße, etwan eines Klafters lang angehenkt und also in den Rhein geworfen. Wenn selbige nun bis zum Ende der Stadt und bis zum Thomasturm gefahren und nicht ertrunken, ward sie von den mitfahrenden Fischern an das Land geführt und ihro das Leben geschenkt.«

Eine Basler Ratsverordnung vom 5. Oktober 1541 bestimmte ausdrücklich, daß zwei Kähne mit der Verurteilten den Rhein hinabfahren sollten; am Thomasturm selbst harrte eine zweite Wasserwacht, bestehend aus vier Totengräbern, und alle miteinander, Fischer wie Totengräber, waren vom Rat ausdrücklich angehalten, »eiligst den Armen aus den Banden zu erledigen und das Wasser von ihm zu schütten (*d. h. Wiederbelebungsversuche anzustellen*), damit ob Gott der Herr einen sollichen Armen sin Leben bis dahin im Wasser erretten wurd, daß der Arm(e) nicht erst uff dem Land in Banden verderben und umbkommen müßte«.

Eine auf diese Weise gerettete Kindsmörderin wurde natürlich nicht noch einmal ins Wasser geworfen, ja nicht einmal mehr vor Gericht gestellt, sondern lediglich des Landes verwiesen. Erst 1634, nach der Errettung der Madlen Egerin am Thomasturm, entschied dann der Rat, daß Kindsmörderinnen künftig mit dem Schwert zu richten seien.

Trotz der vielen Schweizer Seen wurde so gut wie stets im fließenden Wasser gerichtet, und der Strom, der den Delinquenten seinen Richtern entzog, warf ihn sehr oft noch lebend an ein Ufer außerhalb des Stadtbezirks. Aus der Aare-Gegend, von den Rheinufern und von anderen Wasserläufen sind diese Errettungen bekannt geworden, und sie sind so wenig selten, daß man annehmen darf, die

Obrigkeit sei gar nicht böse gewesen, wenn solch ein junges Blut, das in seiner Verzweiflung ein Kind tötete, darum noch nicht aus dem Leben scheiden mußte.

Durch diesen ausgeprägten Charakter als Zufallsstrafe rückt das Ertränken in die Nähe des grausamen Kielholens, einer Seemannsstrafe, die noch im neunzehnten Jahrhundert weit verbreitet war und darin bestand, den verurteilten Matrosen an Tauen quer unter dem Schiffsrumpf hindurchzuziehen. Die Operation, meist von Freunden des Delinquenten und darum in möglichster Schnelligkeit ausgeführt, hatte dennoch sehr oft den Tod durch Ertrinken zur Folge.

Abb. 7 Aus dem 18. Jahrhundert stammende englische Darstellung eines Dukking-Stool. Es war der Geschicklichkeit des Büttels überlassen, den Verurteilten möglichst oft und lange unterzutauchen, ohne ihn sogleich sterben zu lassen. Englischer Holzschnitt.

Im Binnenland entsprach dieser Strafe das Schwemmen oder Untertauchen. An manchen Orten – etwa an der Themse – hatten die Gerichte eigene Käfige an langen Wippen, durch die man Männer wie Frauen beliebig oft untertauchen konnte. Am Rhein und an der Eger kam es vor, daß die zum Schwemmen verurteilte Person an Stricken unter einer Brücke hindurchgezogen wurde. Ein Schwemmen besonderer Art entwickelte sich in der Zeit der Hexenverfolgungen, als sich irgend jemand die sogenannte Hexenprobe ausgedacht hatte. Sie fußte auf der Annahme, daß der Teufel die Seinen vor dem Untersinken bewahren würde, während die Unschuldigen das normale Verhalten ins Wasser geworfener Menschen zeigten, d. h. untergingen.

Unlogisch wie alle diese auf einem absurden Glauben beruhenden Gerichtspraktiken, brachte die Wasserprobe somit nur selten eine Entscheidung: Ging eine Frau unter, so hatte sie sich als unschuldig erwiesen und ein christliches Begräbnis verdient. Daß an ihr ein Justizmord geschehen war, rührte lange Zeit niemanden, wurden doch nur Verdächtige dieser Probe unterzogen.

Warum die verschiedenen Formen der Ertränkungsstrafen so lange erhalten blieben, obwohl jede Stadt, die auf sich hielt, einen Scharfrichter hatte, ist nicht nur aus der besonderen Kraft der Rechtstraditionen zu erklären. Es bereitete den Bürgern der kleinen Gemeinwesen eine gewisse Befriedigung, wenn es die Limmat, die Wertach oder die Pegnitz waren, also die altvertrauten Flüsse, in denen ein Verbrechen, das die Bürgerschaft empört hatte, gesühnt wurde. Die Brücken wurden zu Hinrichtungsstätten mit eigener Tradition, einzelne Brückenpfeiler, Brückenfiguren und Uferplätze gewannen den Charakter von Richtstätten, ohne doch so verrufen zu sein wie die Galgenberge vor der Stadt.

Auch die Schaulust der Kleinstädter (und es gab ja damals nur Kleinstädte) mag eine Rolle gespielt haben. Ein Mensch zappelt im

Wasser nun einmal länger als auf dem Richtplatz, es war ein Todeskampf, dem Hunderte zusehen konnten, ganz zu schweigen von den Hexenproben, wo die Unglücklichen zunächst einmal bis auf die Haut entkleidet und dann zum Körbchen gebunden auf die Wasseroberfläche hintergelassen wurden.

In allen alten Berichten über das Ertränken und das Schwemmen klingt dieses Motiv, die Schaulust der Menge, die Gier nach dem Anblick des Sterbens, immer wieder an. Ihr nachzugeben war für die Obrigkeit nicht immer ungefährlich. Das zeigte sich zum Beispiel bei den Hinrichtungen von Wiedertäufern, also Menschen, die an sich niemandem etwas zuleide getan hatten und gegen die das Volk nicht durch eine besondere Untat aufgebracht worden war.

In Zürich war unter vielen andern im Jahr 1527 ein Wiedertäufer namens Manz zum Wassertod verurteilt worden. »Als er aus dem Wellenberg zum Fischmarkt und ferner unter die Metzg zum Schiff geführt war, verteidigte er den Wiedertauf immer, lobte Gott, daß er wegen seiner Wahrheit sterben müßte, und bat für die, so seines Todes (*d. h. an seinem Tode*) schuldig wären. Auch seine Mutter und sein Bruder stärkten ihn. Ist also in diesem Irrtum, ohne daß er und die Mutter (*sondern nur der Bruder*) geweinet, gestorben. Nachdem ihn der Scharfrichter auf dem Hüttlein gebunden und ihn jetzt ins Wasser werfen wollte, hat er gesungen: *In manus tuas Domine commendo spiritum meum!* Hiermit wurde er ins Wasser gestürzt, hinab an den Platz geführt (*abgetrieben*) und zu Sankt Jakob begraben. Vielen, auch in der Fremde, kam es nachdenklich vor, daß dieser den Tod so freudig ausgestanden ...« (Joh. Heinr. Hottinger, *Historia ecclesiastica*, 1651).

Wo die Zürcher nachdenklich wurden, brachen sich die Lübecker in ihrem Übereifer gleich den Hals:

»Etwan eine halbe Stunde von hier sind fünf Hexen eingezogen worden, wovon bereits zwey aufs Wasser geworfen, welches mit den übrigen dreyen auch ehestens geschehen dörffte: Wornach eine große Menge Volks von hier hinausläufft umb solches zu sehen. Unter andern ist auch ein Brauers-Sohn, welcher zu Pferde eyligst dahin reiten wollte, gestürtzet und darüber den Hals gebrochen« (*Dienstagischer Mercurius*, Berlin, 32. Woche des Jahres 1681).

Wenn es ein Element gab, das an reinigender Kraft mit dem Wasser verglichen werden konnte, so war es das Feuer, das alles verzehrte, rein und unrein, Sünde und Unschuld. Was zu Asche verbrannt wurde, hörte womöglich noch vollständiger auf zu existieren als jenes Übel, jene Missetat, die man vom fließenden Wasser fortschwemmen ließ.

Der Wunsch, einen Missetäter zu verbrennen, stellte sich also stets dann ein, wenn er etwas besonders Schändliches getan hatte, kein simples Verbrechen, sondern eine Tat, die von der ganzen Gemeinde als Schande empfunden wurde und die mit allen Mitteln ausgetilgt werden mußte. Diese Tendenz war im christlichen Mittelalter schon vor Beginn der Religionswirren und der Hexenjagden sehr verbreitet und führte zu der Hinrichtung auf dem Holzstoß, wenn sich etwa ein Hirte des geschlechtlichen Umgangs mit Tieren schuldig gemacht hatte, wenn ein Fall von Homosexualität aufgedeckt wurde oder irgendeine andere widernatürliche Form des Geschlechtsverkehrs bekannt geworden war.

Hirschfeld und Spinner haben in ihrer Untersuchung über die Geschichte der Sexualverbrechen und ihrer Bestrafung festgestellt, daß in der Zeit von 1400 bis 1800 jedes dritte in Zürich gefällte Todesurteil ein Sexualdelikt ahndete; in Luzern ist zwischen 1500 und 1800 sogar jedes zweite Todesurteil aufgrund einer Anklage wegen eines Sexualvergehens gefällt worden.

Diese strenge Justiz machte auch vor Adeligen nicht halt. Am 24. September 1482 wurde der Ritter Richard von Hohenburg ge-

Abb. 8   Mittelalterliche Hexenprobe. Mit dem Satan stand im Bunde, wer trotz
gebundener Hände und Füße nicht in den Fluten versank. Solche Personen ende-
ten als Hexen auf dem Scheiterhaufen. Die ertrunkenen Angeklagten hingegen
galten als »unschuldig«. Ihnen wurde ein christliches Begräbnis zuteil. Holzschnitt
aus dem 16. Jahrhundert.

meinsam mit seinem Freund Anton Schärer öffentlich verbrannt, mit dem einzigen Unterschied, daß man dem Ritter ein Säckchen Pulver um den Hals gehängt hatte, das seinen schnellen Tod herbeiführte. Hohenburg, der schon in seiner Heimat Straßburg durch seine abartige Veranlagung Schwierigkeiten gehabt hatte, war in einer Zürcher Badstube mit einem hübschen Knecht für fünfhundert Gulden einig geworden. Seither putzte sich dieser wie eine Kurtisane und forderte dadurch die Anklage heraus:

»Sontagg... ward lästerlich S(ch)ächer der von Hohenburg mit siner in Silber und Gold aufgemutzten Buhlschaft, nemlich Antoni Schärer, sinem Knecht, von sinem Schirmherren von Zürich mit rechtlich erkanntem Urteil als sodomitischer Ketzer, Mörder und Sigelfelscher ins Füer verdampt und zu Asche gebrennt« (Berner Chronik).

Damals schon, Jahrzehnte vor den ersten Glaubenskriegen, trat also die Anschuldigung der Sodomie in Verbindung mit der Ketzerei auf. Widernatürliche Unzucht war nicht nur Sünde, sondern Abfall von der wahren Religion, weswegen auch noch in allen Hexenprozessen der geschlechtliche Umgang mit dem Teufel eine ganz besondere Rolle spielt und mittels aller erdenklichen Martern aktenkundig gemacht werden mußte. Und dieses kunstvoll zutage geförderte Gemisch von Verworfenheit, Ketzerei und abscheulichen Sittlichkeitsdelikten konnte dann naturgemäß gar nicht mehr anders aus dem Angesicht der wahren Christen entfernt werden als durch das Verbrennen zu Asche.

Diese Entwicklung hat dem Holzstoß und dem Tod auf dem Scheiterhaufen eine spezielle Beziehung zu den tiefsten Verirrungen der europäischen Rechtsgeschichte, den Ketzergreueln und den Hexenjagden, gegeben. Dadurch wird oft vergessen, daß die Strafe selbst sehr viel älter ist. Sie findet sich lange vor der Ausbreitung des Christentums in den germanischen Volksrechten als spiegelnde Strafe, das heißt als eine jener Strafen, die dem Verbrechen besonders genau entsprachen und in eindeutig pädagogischer Absicht dem Verbrecher das antun wollten, was er zuvor einem anderen getan hatte.

Zündete jemand ein Haus an, so warfen ihn die Germanen, sofern sie des Täters rechtzeitig habhaft wurden, kurzerhand in die Glut. Im holzarmen Island, wo jedes Haus einen besonders wertvollen Besitz darstellte und das Wasser oft von weit her geholt werden mußte, war der Mordbrand ein besonders verachtetes Verbrechen. Auch die Römer, die in ihren Anfängen ja ein Bauernvolk waren, bestraften den Brandstifter, ob er nun ein Haus oder nur einen Kornspeicher angezündet hatte, mit dem Tod auf dem Scheiterhaufen.

Das Verfahren war bei Germanen wie Römern ziemlich ähnlich. Der Verbrecher wurde entkleidet, an einen Pfahl (bei den Germanen oft eine steinerne, diesem Zweck vorbehaltene Säule) gebunden und in dem ringsum aufgehäuften Reisig verbrannt. Nero blieb es vorbehalten, jene grausige Verbindung zwischen Kreuzigung und Verbrennung herzustellen, die glücklicherweise vereinzelt geblieben ist:

»Das entsetzliche Gerücht, Nero selber habe den Brand (*der Stadt Rom*) anlegen lassen, wollte sich durch keine teilnahmsvolle Unterstützung, durch keine Schenkungen und Sühnezeremonien aus der Welt schaffen lassen. Um ihm ein Ende zu machen, schob Nero daher die Schuld auf andere und strafte mit ausgesuchten Martern die wegen ihrer Verbrechen verhaßten Leute, die das Volk Christen nennt. Der Stifter dieser Sekte, Christus, ist unter der Regierung des Tiberius durch den Prokurator Pontius Pilatus hingerichtet worden. Der unheilvolle Aberglaube wurde dadurch für den Augenblick unterdrückt, trat später aber wieder hervor und verbreitete sich nicht bloß in Judäa, wo er entstanden war, sondern auch in Rom, wo alle furchtbaren und verabscheuungswürdigen religiösen Gebräuche, die es in der Welt gibt, sich zusammenfinden und geübt werden. Man faßte also zuerst Leute, die sich offen als Christen bekannten, und auf ihre Anzeige hin dann eine riesige Menge Menschen. Sie wurden nicht gerade der Brandstiftung, aber doch des Hasses gegen das menschliche Geschlecht überführt. Man machte aus ihrer Hinrichtung ein lustiges Fest: In Tierhäuten steckend, wurden sie entweder von Hunden zerfleischt oder ans Kreuz geschlagen und angezündet, um nach Eintritt der Dunkelheit als Fackeln zu dienen. Nero hatte seine eigenen Parkanlagen für dieses Schauspiel hergegeben und verband es mit einer Zirkusaufführung...« (Tacitus, Annalen XV, 44).

Die Stelle ist ein vielsagendes Zeugnis für die alte Verbindung der Delikte gerade bei dieser Strafe. Zwar hatte man den Christen die Brandstiftung nicht nachweisen können, aber die Religion, der sie anhingen, ihre Erwartung eines Jüngsten Gerichts über die Lebenden und die Toten, mußte den Römern als fremdartig, böse, ja menschenfeindlich erscheinen, und wer sich solch einem Kult ergab, der sollte ruhig brennen.

Eineinhalb Jahrtausende nach Nero loderten in dem christlich gewordenen Europa viel mehr Scheiterhaufen, als er in seinem größten Park hätte unterbringen können. Da und dort wehrten sich einzelne Inseln der Besinnung, Staaten und Städte, in denen vernünftige Herren regierten. Im allgemeinen aber versank der Kontinent in die doppelte Verirrung des Glaubensfanatismus und der Hexenriecherei, die in ihren blutigen Auswirkungen so lange unverständlich blieben, bis das zwanzigste Jahrhundert mit seinen Massenmorden aus Rassenfanatismus und anderen politischen Leidenschaften selbst die Inquisitionsgerichte in den Schatten stellte und die Folterkammern der Hexenrichter an Einfallsreichtum noch übertraf.

Es war überdeutlich, daß es sich um einen Wahn handelte, aber niemand schien es sehen zu wollen. Solange im Kurfürstentum Trier der Erzbischof Johann von Baden, ein Freund des weisen Trithemius, als kluger Fürst regiert hatte, war es zu keiner einzigen Hexenverbrennung gekommen. Auch unter dem Bürgermeister von Trier, Dietrich Flade, konnten die Hexenriecher keinen ihrer Prozesse in ihrem Sinn durchführen. So wurde eben gegen Flade Material gesammelt, wurden angebliche Hexen und Hexer aus dem Landkreis solange gefoltert, bis sie den verhaßten Flade als Blocksbergtänzer identifizierten, und dann fiel zunächst Flade und nach ihm die ganze Stadt in die Hände jener pervertierten Bestien, die das geistliche Gewand mehr beschmutzten als alle Anwürfe aus dem gegnerischen Lager.

Der erste, besonderes Aufsehen erregende Prozeß war der, den die englische und burgundische Partei gemeinsam gegen Jeanne d'Arc, die Jungfrau von Orléans, in Szene setzten. Damit weltliche Gerichtsbarkeit nicht eingreifen könne, klagte man sie der Häresie, also des Abfalls von der wahren und reinen religiösen Lehre, an und begab sich damit auf ein Gebiet, auf dem die fünfundneunzig Mitglieder des Gerichts mit ihrer vereinten doktrinären Gelehrsamkeit jeden Einspruch abwehren konnten. (Den gleichen Trick der Anklage wegen Gottlosigkeit oder Asebie benützten schon die Athener, wenn sie einen politischen Gegner durch nicht nachprüfbare Vorwürfe und Stimmungsmache stürzen wollten.)

Eine Schar zungenfertiger Abbés aus den normannischen Klöstern, die Domherren von Rouen und Mitglieder des Lehrkörpers der Pariser Universität machten sich zu Handlangern der Briten gegen die französische Volksheldin, gegen ein Mädchen von neunzehn Jahren, das ihren Spitzfindigkeiten nichts entgegenzusetzen hatte als seinen Mut, seine Unschuld und seine unbeirrbare Treue zu einem in seiner Reinheit kindlich anmutenden Glauben. Wie gelähmt von der furchtbaren Anklage, intervenierte niemand zu ihren Gunsten. Man weiß heute, daß sie das Recht gehabt hätte, beim Papst

Berufung einzulegen, aber sie hatte keinen Berater. Man weiß, daß der Erzbischof von Reims, Regnault de Chartres, den Prozeß hätte an sich ziehen können, da das Bistum Beauvais ihm unterstand. Und schließlich hätte die Krone, die Jeanne soviel verdankte, zumindest ein Lösegeldangebot machen müssen.

Von allen verlassen, von ihren Beichtvätern bespitzelt, von ihren Kerkermeistern brutal behandelt und eingeschüchtert, wurde Jeanne d'Arc nach zweimonatigem Schauprozeß am 30. Mai 1431 öffentlich verbrannt. Der Priester Ysambart de la Pierre, der ihr das letzte Geleit auf den alten Marktplatz von Rouen gab, schrieb: »Die ganze große Menge der Zuschauer vergoß heiße Tränen, selbst der Cardinal d'Angleterre und viele andere Engländer... Auch als die Flammen schon um sie hochschlugen, hörte sie noch nicht auf, Jesus Christus zu preisen.«

Es währte beinahe ein halbes Jahrtausend, nämlich bis zum Jahr 1920, ehe die Kirche sich entschließen konnte, dem so ungerecht gerichteten Mädchen den Rang einer Märtyrerin zuzuerkennen und sie heilig zu sprechen, denn damit waren weder ein Nero noch ein Caligula zu Mördern erklärt, sondern fünfundneunzig geweihte und gelehrte Würdenträger der Kirche.

Noch mehr Glanz und Gelehrsamkeit vereinte das Konzil von Konstanz, das wenige Jahre vorher stattgefunden und fünf Jahre lang Kardinäle und Bischöfe, aber auch den Kaiser und zwei Päpste am Bodensee tagen sah. Der Kaiser hatte den tschechischen Kirchenreformer Johannes Hus auf das Konzil geladen, damit dort Aussprache und Versöhnung zustande kämen. Aber Hus erging es wie sechzehn Jahre später dem Mädchen aus Domremy:

»Hus wurde mit heiliger göttlicher Lehre aus der Heiligen Schrift überwunden«, schreibt der Chronist Ulrich von Richenthal, »daß seine Mittel, die er gepredigt und gelehrt habe, eine recht falsche Ketzerei seien... Da befahl der Vogt den Ratsknechten und dem

Abb. 9 Die Verbrennung des Johannes Hus 1415. Dem Geleitbrief des Königs Sigismund vertrauend, stellte sich der tschechische Reformator dem Konzil in Konstanz, wurde dort aber gefangengesetzt, verurteilt und verbrannt. Zeitgenössischer Holzschnitt.

Henker, daß sie ihn hinausführten, ihn zu verbrennen; aber keiner solle ihm weder das Gewand noch den Gürtel, Geldbeutel, das Messer, das Geld, die Hosen oder die Schuhe nehmen und abziehen... Und er hatte zwei gute schwarze Röcke an vom besten Tuch und einen Gürtel, der war ein wenig verziert, und zwei kleine Messer in einer Scheide und einen ledernen Säckel, in dem wohl etwas sein mochte. Und er hatte eine weiße Bischofsmütze auf seinem Haupt, darauf waren zwei Teufel gemalt und dazwischen stand geschrieben: *Heresiarcha*, das heißt soviel wie Erzbischof aller Ketzer. Und es führten ihn die von Konstanz hinaus mit mehr als tausend gewappneten Männern, und die Fürsten und Herren waren auch gewappnet... Vor und hinter ihm gingen die Ratsknechte und führten ihn zum Geltinger Tor hinaus. Infolge des großen Gedränges, das da war, mußte man ihn um den Brühl führen, und es wurden der Gewappneten mehr als dreitausend, ohne die Ungewappneten und die Frauen. Und man mußte die Leute auf der Brücke am Geltinger Tor anhalten, damit je nur eine Schar hinübergehe, denn man fürchtete, die Brücke zerbräche.

Und während des Hinausführens betete Hus nichts anderes denn ›Jesus Christus, Sohn des lebendigen Gottes, erbarme dich meiner! Und da er auf die Richtstätte kam und sah das Feuer, Holz und Stroh, da fiel er dreimal auf seine Knie und rief mit lauter Stimme: ›Jesus Christus, Sohn des lebendigen Gottes, der du für uns gelitten hast, erbarme dich meiner!‹«

Hus erklärte, beichten zu wollen, der Priester Ulrich Schorand machte aber zur Bedingung, daß Hus vorher seiner Lehre abschwöre, weil ein hartnäckiger Ketzer keinen Anspruch auf christlichen Beistand habe.

»Da sprach der Hus: Es ist nicht nötig, ich bin kein Todsünder. Darnach wollte er anfangen zu predigen in deutscher Sprache; das wollte Herzog Ludwig nicht und hieß ihn verbrennen. Da nahm ihn der Henker und band ihn in seinen Kleidern an einen Pfahl und stellte ihm einen Schemel unter seine Füße und legte Holz und Stroh um ihn und schüttete ein wenig Pech darein und zündete es an.«

Was sich danach begab, schildert uns eingehender als Ulrich von Richenthal der Hussit Petrus von Mladenovicz, der ebenfalls Augenzeuge der Hinrichtung war und später Rektor der Prager Universität wurde:

»Hus sang nun mit lauter Stimme... und als er zum drittenmal zu singen begonnen hatte, wehte der Wind ihm die Flammen ins Gesicht, und bei sich selbst betend, die Lippen und den Kopf bewegend, endete er im Herrn. In der Zeit des Schweigens aber schien er sich zu bewegen, bevor er endete, so lange, als rasch zwei oder höchstens drei Vaterunser gesprochen werden können. Als aber die Holzbündel und das Stroh verbrannt waren und noch der Leichnam durch die Kette am Hals aufrecht stand, stießen die Gerichtsdiener den Leichnam samt dem Pfahl zu Boden, nährten das Feuer noch mehr durch einen dritten Wagen Holz und verbrannten ihn. Sie gingen ringsum und zerschlugen die Knochen mit Knüppeln, damit sie um so schneller zu Asche würden... Schließlich verwandelten sie die ganze Masse zu Asche... Sie luden alles auf einen Wagen, fuhren zum nahen Rhein und warfen es dort in die Tiefe.«

Die Asche wurde also nicht in den See gestreut, sondern in das fließende Wasser des Rheins, und auch die Asche der Jungfrau von Orléans wurde nicht ins Meer gestreut, sondern in die Seine. Noch schrieb man das fünfzehnte Jahrhundert, noch konnte man die Hinrichtungen der Ketzer zählen. Aber auch in der Zeit des Glaubensstreites blieben die Ketzerprozesse an Zahl hinter den Hexenprozessen weit zurück, nicht wegen menschlicher Bedenken, sondern weil das Verfahren doch umständlich war und die Gegenwehr der meist gebildeten Angeklagten unliebsames Aufsehen erregte.

Dennoch blieb der Scheiterhaufen eine von Katholiken wie Pro-

Ein erschröckliche geschicht/so zu Derneburg in der Graffschafft Reinstepn/am Hartz gelegen/von dreyen Zauberin/vnnd zwayen Mañen/In etlichen tagen des Monats Octobris Im 1 5 5 5. Jare ergangen ist.

Abb. 10   Verbrennung dreier Hexen im Jahre 1555. Zeitgenössisches Flugblatt.

testanten geschätzte Methode, sich unbequemer Kritiker zu entledigen. Savonarola und Giordano Bruno, Tausende von Waldensern und Katharern starben ebenso schuldlos wie jene armen und verängstigten Männer und Frauen, denen ihre Richter den Umgang mit dem Teufel und allerlei Praktiken andichteten, von denen die meisten der Angeklagten noch nie etwas gehört hatten. Calvin ließ für seinen Disputationsgegner, den hochbegabten Servetus, den Scheiterhaufen aufschichten, und eine ganze hochberühmte Versammlung von Kirchenfürsten erbaute sich am martervollen Verbrennungstod des Magisters Hus.

Die letzten sogenannten Hexen wagte man zwar nicht mehr zu verbrennen, den Prozeß machte man ihnen aber doch. 1775 starb die geisteskranke Anna Maria Schwägel in der Fürstabtei Kempten

60

unter dem Schwert, sieben Jahre darauf wurde das Kindermädchen
Anna Göldi in Glarus enthauptet, nachdem sie und ihr angeblich
mitschuldiger Verlobter gefoltert worden waren. Goethe, damals
schon ein berühmter, vom ganzen Volk verehrter Dichter, mag
geahnt haben, daß die Hexe von Glarus nicht das letzte Opfer des
Wahns und der Fanatismen sein würde: »Der Aberglaube«, schrieb
er, »gehört zum Wesen des Menschen und flüchtet sich, wenn man
ihn ganz und gar zu verdrängen denkt, in die wunderlichsten Ecken
und Winkel, von wo er auf einmal, wenn er einigermaßen sicher zu
sein glaubt, wieder hervortritt.«

Lediglich vor der öffentlichen Verbrennung dieser durch den Win-
kelaberglauben ermittelten armen Opfer können wir künftig ziemlich sicher sein. Nicht etwa, weil die Todesstrafe der Verbrennung
wegen ihrer besonderen Grausamkeit Widerspruch gefunden hätte,
sondern aus ganz anderen Gründen:

»Noch ist dem Parlamente eine Bill vorgelegt worden«, läßt sich
die Vossische Zeitung am 30. Juni 1786 aus London berichten, »welche die Todesstrafe der Frauenspersonen . . . anstatt des Verbrennens
zum Henken verändert. Hiezu hat die Hinrichtung in voriger Woche Anlaß gegeben. Nachdem die Delinquentin von den Flammen
beinahe verzehrt worden, umringte der Pöbel den noch brennenden
Scheiterhaufen, schmiß die Brände und gebratenen Knochen der
Frau unter das umstehende Volk und streuete den ganzen Brand-
haufen durch die Straße. Da diese Hinrichtung vor dem Gefängnis
von Newgate in einer nicht sehr breiten Straße geschah, so haben
die benachbarten Einwohner von der Hitze, dem Rauche und dem
unangenehmen Bratengeruche nicht wenig gelitten und sich sehr heftig darüber beklagt.«

Zweites Buch

In der Hand des Henkers

Beil und Schwert

Strick und Schwert, Hängen und Enthaupten, sind zweifellos jene Hinrichtungsarten, die uns beim Blick in die Geschichte der Todes-strafen am häufigsten begegnen. Die Frage, welche der beiden Hin-richtungsformen älter sei, ist müßig und obendrein kaum zu beant-worten, denn der Henker, der früher wohl als Opferpriester angese-hen werden konnte, vermochte seines Amtes mit einer steinernen oder bronzenen Axt ebensogut zu walten wie mit dem verhältnis-mäßig spät auftretenden Stahl.

Ein Umstand freilich zog vom ersten Augenblick an eine scharfe und deutliche Grenze zwischen Hängen und Enthaupten: Beim Hängen blieb der Delinquent zunächst am Leben, meist nur für Au-genblicke, mitunter aber auch für Minuten, und wer immer die Pro-zedur durchführte, machte sich wenigstens nicht blutig und brauchte das Blut auch gar nicht zu sehen. Die Enthauptung hingegen war stets ein vollgültiger, sofortiger, für alle sichtbarer Übergang in den Tod. Das Leben entwich plötzlich und eindrucksvoll, das Schrecknis der Blutfontäne, der Blutlachen und des blutigen Schwertes gab dem ganzen Vorgang jene einzigartige Einprägsamkeit, wie sie das Recht sehr bald für die Haupt-Strafe, die kapitale Strafe, fordern sollte. Wo das Blut so schreckhaft floß, da war das Recht selbst in seiner Kraft und seiner Macht sichtbar geworden; wo die Hinrich-tung sich so nahe an den alten Vorgang des Tier- oder Menschenop-fers anschloß, da war das Recht selbst geheiligt und der Vollzug die-ses Rechts über alle irdischen Ordnungen hinausgehoben. Der ge-beugte Nacken, der sausende Stahl, das Blut auf dem Boden und das triumphierend erhobene, schrecklich anzusehende Haupt des Gerichteten sind an sich und in ihrer Gesamtwirkung von keiner anderen Strafe erreichte Bilder, Symbole oder Runen der obrigkeitlichen Vollzugsgewalt geworden. Weder der auf das Rad geflochtene Leichnam noch der am Hochgericht baumelnde Leib konnten sich an Eindrucksgewalt mit den Stationen der Enthauptung vergleichen, und während der Gaunerwitz sich sehr schnell des Rades und des Galgens bemächtigt hat, ist das Richtschwert zwar abergläubisch umraunt, aber von Spott und Hohn verschont geblieben.

Bei keiner anderen Strafe ist aber auch der ursprünglich sakrale Charakter so deutlich wie bei der ›Hinrichtung mit blutiger Hand‹, der Enthauptung mit Beil oder Schwert. »Wie schon die Aufstellung des Strafgesetzes, so erfolgt die Vollstreckung der öffentlichen Strafe unter Beobachtung religiöser Gebräuche«, schreibt Theodor Mommsen im fünften Buch seines *Römischen Strafrechts*. »Das personale Strafurteil ist Übereignung des Verurteilten an eine Gottheit... Der religiöse Grundcharakter der personalen Bestrafung wird weiter dadurch bestätigt, daß ... die älteste Form der Todesstrafe dem Opferritual entspricht und dieselbe unzweifelhaft ursprünglich als Menschenopfer (*auf*)gefaßt worden ist... Von der Enthauptung mit dem Beil sind die beiden Bezeichnungen entnommen, welche in späterem Gebrauch für die Todesstrafe überhaupt und sogar noch in weiterem Umfange verwandt werden, sowohl diejenige der Köpfung, *poena capitis*, wie wahrscheinlich auch die der Kniebeugung, *supplicium*... Es werden bei dieser Exekution dem Verurteilten die Hände auf den Rücken gebunden, er selbst an einen Pfahl gefesselt, entkleidet und gegeißelt, alsdann auf den Boden hingestreckt und also durch Beilschlag enthauptet. Es entspricht dies genau dem Verfahren bei der Schlachtung der Opfertieres...«

Schon im zweiten Buch des Livius, also einem geschichtlichen Bericht über Roms früheste Zeit, wird die Hinrichtung in dieser Form geschildert, in der Zeit des Übergangs von der Königsherrschaft zu republikanischen Formen. Man übertreibt wohl nicht, wenn man annimmt, daß sie etwa tausend Jahre lang innerhalb des römischen Herrschaftsbereichs so gut wie unverändert vorgenommen wurde und damit ihre endgültige Ausprägung erfahren hat. Erst das mittelalterliche Richtschwert und die besondere Rolle, die das Schwert bei Kelten und Germanen spielte, brachten Modifizierungen.

Beil und Ruten gehörten also ursprünglich zusammen, und noch in unserem Jahrhundert haben uns die Machtinsignien der faschistischen Herrschaft in Italien Rutenbündel (Fasces) und Beile gemeinsam präsentiert, wie sie einst die Liktoren gebündelt zur Hinrichtungsstätte trugen. Verloren hat sich hingegen im Lauf der Jahrhunderte die von Mommsen betonte Entkleidung, die beim antiken Hinrichtungsvollzug als Bedingung empfundene völlige Nacktheit des Delinquenten. Sie hatte mit der Enthauptung selbst nichts zu tun; dafür hätte es ja genügt, den Nacken zu entblößen; sie war vielmehr ein Überbleibsel aus dem Opfer, aus dem diese Todesstrafe hervorging. Denn im Angesicht des Gottes, bei der Handlung von höchster Heiligkeit, wären Kleider nicht nur als profan empfunden worden, sie hätten auch den Wert und vor allem die Wirkung des Opfers in Frage gestellt.

Im christlichen Mittelalter und später wurde diese völlige Entblößung langsam abgeschwächt, verschwand aber nicht ganz. Zumindest die Oberkleider mußten in einem mehr symbolischen Entkleidungsakt noch bis ins neunzehnte Jahrhundert herauf abgelegt werden. Dabei dachte dann natürlich niemand mehr an den alten Opfercharakter der Enthauptung; es ging eher darum, im Angesicht des Todes Demut dadurch zu zeigen, daß der arme Sünder sich in Hose und Hemd oder in ähnlich schlichter Gewandung präsentierte.

Dominique Bourgoing, Leibarzt der unglücklichen Maria Stuart, hat uns in seinem Tagebuch den Prozeß und die Hinrichtung der schönen Königin genau geschildert und schreibt von der Nacht zum 18. Februar 1587:

Abb. 11   Vor seinem Ende wird dem zum Tode Verurteilten geistlicher Zuspruch
zuteil. Holzschnitt der 1509 gedruckten Bambergischen Halsgerichtsordnung.

»In der Nacht, nachdem sie unausgekleidet einige Stunden aus-
geruht, legte sie schriftlich ihren letzten Willen nieder, so ausführlich, als sie in der kurzen Zeit, die ihr zu Verfügung stand, konnte;
sie traf ihre Anordnungen in betreff ihrer Möbel und der Reise ihrer Diener und teilte jedem sein Geld aus nach ihrem Willen. Am
Morgen sprach sie wiederum ihren Dienern Mut zu, zog sich dann

zurück zum Gebet und verharrte im Gebet, bis der Sheriff kam, ungefähr um neun Uhr, und sie wegführte, ohne zu erlauben, daß irgend einer ihrer Diener ihr folgte. Unten an der Treppe traf sie (*ihren Berater und Vertrauten*) Melville, der sich vor ihr auf die Knie warf und Abschied von ihr nahm. Man sah, wie schwer ein solcher Abschied ihm fiel, wie ein solcher Anblick nach der langen Trennung ihn schmerzte.

Ihre Majestät hatte am Tag vorher den Wunsch geäußert, ihn noch vor ihrem Tode zu sehen. Auf ihr dringendes Begehren wurde ihr gewährt, daß Melville, ferner Bourgoing, Gervais, Georgeon, Didier, Jehanne Kennedy und Espetz Curlle bei ihrem Tod zugegen sein durften, bei welchem sie nach dem Zeugnis aller ihren königlichen Heldenmut und ihre Standhaftigkeit zeigte und auch ihr treues Festhalten an ihrer Religion und ihrem Glauben. (*Elisabeth hatte die Anwesenheit der Genannten bei der Hinrichtung erst gestattet, als sich Maria Stuart ausdrücklich dafür verbürgte, daß ihre Freunde und Diener den Vollzug nicht durch Wehklagen oder Proteste stören würden.*)

Nach ein paar Worten empfahl sie den Herren ihre Diener, gab ihnen ihren Segen und betete noch einmal, wobei sie das Herz eines jeden rührte. Dann stand sie auf und ließ Schleier, Mantel und Oberkleidung durch ihre Kammerfrau abnehmen. Dabei bat sie diese, nicht zu weinen. Hierauf warf Maria sich wieder auf die Knie, die Hände zum Himmel erhoben und ein hölzernes Kruzifix haltend, das sie aus ihrer Kammer mitgebracht hatte und bis zu ihrem Ende nicht aus den Händen ließ.

Nachdem ihre Kammerfrauen ihr die Augen verbunden hatten, erhob sie, ohne irgendwie gefesselt zu sein, so, wie sie oben geschildert worden, den Kopf und streckte den Hals hin, wobei sie weiter betete. Sie erwartete den Todesstreich, ohne sich im geringsten zu bewegen. Sie dachte, daß man ihr einen (*Schwert-*)Streich versetzen würde, wie es in Frankreich Brauch ist. Aber man ließ sie sich vornüber neigen und den Kopf auf den Klotz legen. Dann wurde ihr mit einer kurzgestielten Axt, wie man sie braucht, um Holz zu spalten, der Kopf abgeschlagen. Solange sie noch sprechen konnte, hatte sie immer den Bibelvers ›In deine Hände, Herr, befehle ich meinen Geist‹ wiederholt.«

Entgegen dem sonstigen Brauch war den Henkersknechten verboten worden, sich die Kleider der Verurteilten zu nehmen. Einer, der diesen Befehl mißachtete und sich der Strumpfbänder der toten Königin bemächtigen wollte, erschrak tödlich, als ihm unter dem Rock hervor ein kleiner blutbefleckter Hund entgegensprang...

Die nicht sehr glückliche Hand der Stuarts, ihre Vorliebe für französisches Wesen, ihre Neigung zum Katholizismus und ihre Ehen mit katholischen Prinzessinnen ließen diese an tragischen Schicksalen reiche Herrscherfamilie immer wieder in Gegensatz zum englischen Volk geraten; sie konnten sich nicht einmal die Sympathien der Schotten dauernd sichern. Der nächste Stuart, der das Schafott besteigen mußte, war von seinen Schotten für 400 000 Pfund an Cromwell verkauft worden, eine historische Niedertracht von der Art, wie sie einzelnen und Völkern mit Recht nie vergeben wird. Als man Karl I. nach langer Haft endlich den Prozeß machte, hatte er ebensowenig Chancen, mit dem Leben davonzukommen, wie die arme Maria Stuart. Vergeblich verwendeten sich zahlreiche europäische Höfe für den Monarchen, wohl auch in der Erkenntnis, daß man in den unruhigen Zeitläuften des siebzehnten Jahrhunderts den Völkern nicht das Beispiel eines Hochverratsprozesses gegen einen legitimen Monarchen und das Schauspiel der nachfolgenden Hinrichtung eines Königs durch sein Parlament bieten dürfe.

Aber alle Interventionen blieben vergeblich. Ein riesiger Gerichtshof hatte sich gebildet. Wie einst gegen Jeanne d'Arc, traten die Herren Richter in so großer Zahl zusammen, daß den einzelnen nur noch ein erträgliches Quentchen Schuld treffen konnte; bei vielen von ihnen reichte es dennoch später zu einer Anklage wegen Königsmordes und Hinrichtungen, die an Grausamkeit den Tod Karls I. bei weitem übertrafen.

Die unter dem Vorsitz des klugen Bradshaw versammelten Peers, Oberrichter, Baronets, Aldermen und Mitglieder des Unterhauses brauchten nur acht Tage, um vom Prozeßbeginn bis zum Todesurteil zu gelangen. Am 27. Januar 1649 wurde es verkündet; es endete mit den Worten: »Für all seine Verrätereien und Verbrechen sei der genannte Karl Stuart als Tyrann, als Verräter, als Mörder und als Staatsfeind mit dem Tode bestraft, indem das Haupt vom Rumpf getrennt werde.«

Am 30. Januar führte man den König von St. James nach Whitehall. Ein Regiment Infanterie und seine Garde gaben ihm das Geleit, der Bischof von London ging zu seiner Rechten, der Gardeoberst Thomlinson schritt mit entblößtem Haupt zur Linken des Monarchen. Der lange Zug hatte ein so langsames Tempo, daß Karl ungeduldig wurde und den Soldaten sagen ließ, sie sollten etwas schneller ausschreiten. Aber gleich darauf, als man den Park durchquert und die lange Whitehall-Galerie erreicht hatte, gab es einen neuerlichen Aufenthalt. Es stellte sich heraus, daß das Schafott noch nicht bereit war.

Karl mußte bis Mittag warten, Stunden, in denen er meistens betete. Dann erst erreichte man das Schafott, das vor Whitehall, im Freien, aufgerichtet worden war; den Hintergrund bildete der große Bankettsaal. Die Menge war durch ein außergewöhnlich starkes Aufgebot von Militär abgedrängt, und Karl sah ein, daß niemand verstehen konnte, was er etwa noch sagen würde. Aber er wünschte zu sprechen; man hatte es ihm vor und nach der Urteilsverkündung verwehrt, und so wandte er sich jetzt an den Obersten und den Erzbischof, die ihm zunächst standen, und hielt eine lange Ansprache, in der vor allem von seiner religiösen Überzeugung die Rede war, in der er aber auch seinen Gegnern verzieh. Mit einer gewissen Nervosität erfüllte es ihn, daß hinter ihm, obwohl es noch nicht soweit war, immer wieder jemand mit dem Richtbeil hantierte. Das erste Mal sagte er, noch relativ gut gelaunt: »Geben Sie acht, daß Sie das Beil nicht kaputtmachen«, das zweite Mal, als jemand dem Beil zu nahe kam, rief er nur noch indigniert: »So lassen Sie doch das Beil, geben Sie acht!«

Dem Obersten mit dem schauerlichen Namen Hacker, der die Hinrichtung zu überwachen hatte, erklärte Karl, über den ein entschuldbarer und sichtlich nervöser Rededrang gekommen war, welche Geste er mit den Händen machen werde, sobald er das Gebet beendet habe – eine Abrede mit dem Henker, wie sie bis heute noch zum Beispiel bei der amerikanischen Gaskammer-Hinrichtung getroffen wird, um den Frieden und die Einkehr der letzten Minuten nicht zu gefährden. Dann schob er sich das Haar unter eine für diesen Zweck mitgebrachte Nachtmütze und begann einen seltsamen Dialog mit dem Scharfrichter, den uns Whitelocke in seinen *Memorials of the English affairs from the beginning of the reign of Charles I* . . . überliefert hat:

»Sind meine Haare jetzt in Ordnung?« fragte der König, legte den Mantel und das Georgskreuz ab und reichte das Ordensband dem Erzbischof mit den Worten: »Erinnern Sie sich . . .« Dann legte er auch die Oberkleider ab, zog danach aber den Mantel wieder an. Nun fiel sein Blick auf den Richtblock. »Rücken Sie ihn so zurecht, daß er nicht wackelt«, sagte er zu dem Henker (*der kein berufsmäßiger Scharfrichter war, sondern diese eine Hinrichtung gegen ein Honorar von 100 Pfund übernommen hatte*).

»Er steht fest, Sir«, antwortete der Henker.

»Wenn ich meine Hände auf diese Weise ausstrecke« (der König zeigte die Gebärde), »dann . . .«

Er sprach noch leise ein paar Worte zu sich selbst, hob den Blick zum Himmel, fiel auf die Knie und legte den Kopf auf den Richtblock. Als der Scharfrichter ihn berührte, um die Haare wieder unter die Haube zu schieben, glaubte Karl, der tödliche Hieb werde nun fallen, und sagte: »Warten Sie doch auf mein Zeichen.«

»Ich werde warten, bis es Eurer Majestät gefällig ist«, antwortete der Henker. Wenige Sekunden darauf breitete Karl die Hände, wie er es vorhin gezeigt hatte, und der Scharfrichter trennte ihm mit einem Hieb den Kopf vom Rumpf. Danach hob er Karls Haupt hoch, zeigte es dem Volk und rief: »Dies ist der Kopf eines Verräters.«

Im Augenblick, da das Beil herniedersauste und auf den Block schlug, war ein leises Stöhnen durch die versammelte Menge gegangen. Unmittelbar nach der Hinrichtung machte die Reiterei Front gegen die Bevölkerung und drängte sie gegen King's Street und Charing Cross zu ab.

Maria Stuart und Karl I. haben als königliche Opfer besondere Beweiskraft für die Eindrucksmacht dieser archaischen Hinrichtungsform mit Kniefall, Entblößung und Darbietung des Nackens unter den sausenden Stahl, der das Ende bringt. In der Regel aber vollzog sich diese Szene, bei der alle Zuschauer den kalten Hauch im Nacken spüren mochten, in aller Öffentlichkeit, ohne abschirmendes Militär, vor den Blicken einer Menge, die niemand abwehrte, wenn sie nach der Exekution hinzustürzte und die Richtstätte aus nächster Nähe in Augenschein nahm, gierig nach dem frischen Geruch von Blut und Tod.

Warum das so war, warum die Menschen den Galgen scheu mieden und sich um das Blut der Hingerichteten schlugen, warum das Hochgericht ein verrufener Ort außerhalb der Stadtgrenzen war und das Richtschwert zumeist auf den belebtesten Plätzen und jedenfalls im Herzen der Stadt kreiste, das sind schwer zu deutende Widersprüche – wenn es sich bei diesen Abweichungen und Gegensätzen überhaupt um Widersprüche handelt.

Trieb man mit dem Galgenstrick oder den Knochen eines Gehängten allerlei dunklen Unfug, so war die Heilwirkung des Blutes (und erst recht des Menschenblutes!) seit dem frühesten Altertum und bis in die jüngste Vergangenheit über jeden Zweifel erhaben. Vom medizinischen Papyrus Ebers aus dem zweiten vorchristlichen Jahrtausend über den berühmten griechischen Arzt Galenos, der das Blut als den Sitz der Seele bezeichnete, bis zu den modernen Eigenblutinjektionen, Bluttransfusionen und Plasma-Banken hat der Lebenssaft in unseren Adern nicht nur die gelehrte Welt, sondern vor allem auch den Laienverstand magisch angezogen. Trat nun gar der seltene Fall ein, daß man sich Blut verschaffen konnte, ohne ein Verbrechen zu begehen, nämlich indem man einfach dem Scharfrichter einen Becher Blut abkaufte oder ein Taschentuch reichte, damit er es gegen zwei Taler in das Blut des Hingerichteten tauche, dann war kein Halten mehr. Mancher, der zu einer Exekution zu spät kam, hat dann, auf dem Heimweg, um sich noch Blut zu verschaffen, ein Verbrechen begangen, einen jener zahlreichen, bis in die jüngste Vergangenheit immer wieder berichteten grausamen Morde, die fälschlich als Lustmorde bezeichnet werden; es waren Morde aus Aberglauben, Tötungen, um sich Menschenblut zu verschaffen...

Vor allem bei unheilbaren Krankheiten wie der Fallsucht, die noch heute jeden erschreckt, der einen Anfall mitansehen muß, hatten schon die Römer angenommen, daß frisches Blut starker Männer das beste Heilmittel sei. Weniger die Hingerichteten als die gefallenen Gladiatoren waren damals das Ziel des allgemeinen Blutrausches, aber auch bei Exekutionen fing man das Blut in Schalen auf, um es zu trinken. In der berühmten, an Materialien der Kultur- und Zeitgeschichte so reichen Chronik der Herren von Zimmern lesen wir von einem Landfahrer des sechzehnten Jahrhunderts, der bei einer Hinrichtung hinzustürzt, nachdem das Schwert gesprochen hat, und den Gerichteten umfängt, »wie der noch nit gefallen, und supft das Blut von ihm, und wie man sagt, ist er der hinfallenden Siechtage davon genesen«.

Noch in Zedlers ausführlichem, in diesen Jahren in photomechanischem Neudruck wiederaufgelegten Lexikon findet sich als Mittel gegen die Fallsucht der Satz »einige rathen, das Blut von einem Decollirten zu trincken«, und die Chroniken verschiedener Städte und Rechtshändel bezeugen ähnliche Vorfälle nach Hinrichtungen für Dresden (1755), Neustadt im Odenwald (1812), Schneeberg bei Zwickau (1823), Reutlingen (1829), Göttingen (1859), Hanau (1861), Marburg (1865) – um nur die letzten zu nennen. Im Mittelalter war der Vorgang so häufig, daß er gar nicht gesondert berichtet wurde. Die *Aargauer Nachrichten* kennen einen Fall aus dem Jahr 1862, in dem einem armen Weiblein aus dem Bürgerspital von Appenzell die Reise zu einer Hinrichtung gestattet und geraten wurde, einen Becher Blutes unter Anrufung der heiligen Dreifaltigkeit auf einen Zug zu leeren. Leider erfahren wir aus dem Blatt nicht, ob die Wunderkur den gewünschten Erfolg hatte.

Der Blutaberglaube wurzelte selbst in den Kulturvölkern so tief, daß es vor allem bei Enthauptungen zu einem besonderen Problem wurde, die Menschen von der Richtstätte fernzuhalten, die ja in den meisten Fällen mitten in der Stadt lag. Im Jahr 1859 wurde in Göttingen eine Giftmischerin hingerichtet; hannoversche Schützen hatten ein Karree um das Blutgerüst gebildet, aber die Menge durchbrach es und stürzte sich auf den Leib der eben Getöteten, um an ihr Blut zu kommen. Offenbar schrieb man ihm, da es eine heilkundige und in geheimen Giften bewanderte Frau gewesen war, besondere Kräfte zu. Zwei Jahre darauf kam es in Hanau bei einer Hinrichtung zu empörenden Szenen; die unzureichend geschützte Richtstätte wurde erstürmt, und die Menschen, die das frische Blut getrunken hatten, liefen mit ihren blutverschmierten Gesichtern zu Dutzenden herum wie Vampire. Bei einer Doppelhinrichtung in Berlin im Jahre 1864 ließen viele der Zuschauer ihre Taschentücher in das Blut der beiden Mörder tauchen und gaben den Henkersknechten, die dies besorgten, dafür gern die geforderten zwei Taler.

Angesichts dieser Blutgier braucht man sich nicht zu wundern, daß kranke Menschen, die an eine Heilung durch Menschenblut glaubten, nicht immer eine Hinrichtung abwarteten. Verbrechen dieser Art häuften sich denn auch in den letzten Jahrhunderten in slawischen und ostdeutschen Gebieten, wo der Blutaberglaube und die Vampirfurcht bis herauf ins zwanzigste Jahrhundert immer wieder die Gerichte beschäftigten. Der ehemalige Oberstaatsanwalt Otto Steiner schrieb am Ende seiner 1959 erschienenen Untersuchung über *Vampirleichen und Vampirprozesse in Preußen* mit offensichtlichem Gruseln den Satz: »Nach mündlichen und brieflichen Berichten treibt im östlichen Mitteleuropa der Vampirwahn auch heute noch ebenso stark wie früher sein abscheuliches Unwesen. Hoffen wir, daß Deutschland verschont bleibt!«

Nächst dem Blut des Hingerichteten waren es Kopf, Glieder und Kleider des armen Sünders, die wegen angeblicher Zauberkraft oder aus krankhafter Vorliebe für makabre Objekte von der Richtstätte geraubt und aufbewahrt wurden.

Geschah dies aus Liebe oder aus einer tiefen Verbundenheit mit dem Hingerichteten, so wird man die Handlungsweise dieser Menschen nicht ohne weiteres als Leichenschändung bezeichnen können. So ist es beispielsweise bekannt, daß nach dem Tod des Tiroler Freiheitshelden Andreas Hofer einige Soldaten versuchten, Teile seiner Gliedmaßen gleichsam als Reliquien an sich zu bringen. Sie hatten kein Glück, sondern wurden ertappt und bestraft.

Einen seltsamen Totenkult mit dem einbalsamierten Kopf ihres Geliebten trieb die schöne Henriette de Clèves. Coconnas, ein piemontesischer Edelmann, hatte sich an revolutionären Umtrieben beteiligt und war dafür 1574 enthauptet worden; wie Henriette sich in den Besitz seines Kopfes setzen konnte, ist nie bekannt geworden; die Geschichte vermerkt lediglich, daß achtundsechzig Jahre später die Enkelin Henriettes im gleichen Hause, dem berühmten Hôtel de Nevers (11, Quai de Conti), ebenfalls ihren Geliebten beweinen mußte: Es war Marie-Louise de Gonzague, deren Verlobter Cinq-Mars den Sturz des Kardinals Richelieu im Sinne gehabt hatte und dafür 1642 enthauptet worden war. In ihrem Schmerz ließ Marie-Louise de Gonzague den prächtigen Bau noch im gleichen Jahr demolieren.

Sehr häufig waren auch jene merkwürdigen Andenkensammler, die sich die Hirnschale eines Gerichteten, einen Fingerknochen oder gar bestimmte Organe des Unglücklichen wünschten. Oft stand dahinter, was man lange Zeit Zauberei nannte, oft war es aber auch nur ein wunderlicher Hang, wie es ja unter Menschen die absurdesten Neigungen, Ideen und Vorlieben geben kann, ohne daß sich ein bestimmter Zweck daran knüpft. Das Volk, das diese kleinen Leichenschändungen und Diebstähle bemerkte und registrierte, konnte sich nicht denken, daß die Toten dies ohne Gegenwehr hinnehmen sollten. Schon der Scharfrichter schützte sich gegen die Macht der Wiedergänger, waren doch gerade die Verbrecher eben ihrer Untaten wegen zur ewigen Unruhe verdammt. Man verband dem Delinquenten die Augen, damit sein Blick nicht den Menschen treffe, der ihm den tödlichen Streich versetzte; man beschrieb die Schwerter mit allerlei Versen, die mehr den Scharfrichter beruhigen als den Toten versöhnen sollten. Wenn aber ein Gerichteter noch im Tode geschändet wurde, wenn man ihm einen Finger oder eine Zehe abschnitt, so glaubte das Volk fest, daß der also Verstümmelte seinem verlorengegangenen Finger- oder Zehenglied nicht einfach entsagte, sondern es um Mitternacht suchte. Fand er es, dann konnte nichts den Leichenschänder retten.

Freilich gab es immer Menschen, die um des Erwerbs willen dieses Risiko auf sich nahmen. Die Scharfrichter waren die ersten, gleich nach ihnen kamen aber schon die Apotheker. Es ist bekannt, daß sächsische Apotheken im siebzehnten Jahrhundert Riemen aus Menschenleder verkauften und für das Stück drei Taler verlangten. Und durch einen kuriosen Zufall hat sich die schriftliche Bitte des Leobener Henkers erhalten, der seine Stadtväter bat, ihm die Haut eines Hingerichteten auszuhändigen. Das Armesünderfett ist in fränkischen Apotheken noch im zwanzigsten Jahrhundert verlangt worden; ob mit Erfolg, melden die Quellen nicht. In der offiziellen Dresdner Medizinaltaxe von 1761 ist es jedoch noch aufgeführt. Menschenschmer wurde jedenfalls von den Scharfrichtern verkauft, einmal, um Bienenschwärme anzulocken, zum andern aber, »weil davon vielen Menschen Hülff geschehen kann«, wie es in einer Verordnung der Stadt Eger heißt, mit der dem Scharfrichter dieser Handel ausdrücklich erlaubt wird.

Die Quacksalber und die Landapotheken waren zweifellos die eifrigsten Abnehmer von Armesünder-Knochenmehl, zerstoßenen Hirnschalen und ganzen Schädeln, durch deren leere Augenhöhlen man mit einiger Geschicklichkeit eine Kugel von besonderer, tödlicher Treffsicherheit gießen konnte, und es mag den Scharfrichtern nicht ganz leicht geworden sein, in späteren, milderen Jahrhunderten, als die Zahl der Todesurteile nicht mehr so hoch war wie im Mittelalter, all diesen Wünschen um Wunderheilmittel auch tatsächlich nachzukommen. Es war ein wenig die Tragik des Zauberlehrlings, der die Geister selbst gerufen hatte, denn niemand anders als die Scharfrichter selbst hatten all diesen wunderlichen Aberglauben erdacht oder zumindest weitergegeben und unter das Volk gebracht.

Abb. 12 Hinrichtung von Rebellen Anfang des 16. Jahrhunderts. Aus dem Weiß-
kunig Kaiser Maximilians I. Ausgabe von 1775.

Noch der kluge Huß, der letzte Scharfrichter von Eger, verbreitete
in seinem Büchlein vom Aberglauben die Mär von der Armesün-
derhand, die im Pferdestall vergraben die Tiere vor Krankheit

schütze. Daß sie – die Henker – selbst an all das glaubten, ist nicht
sehr wahrscheinlich. Die zahlreichen Scharfrichtertagebücher scheinen uns zu beweisen, daß dieser Stand nach Bildung und Weltsicht
meist über dem Volk der kleinen Gemeinden stand, das ihn teils
fürchtete, teils verachtete.

Obwohl es ein und derselbe Mann war, der je nach dem ergange-
nen Urteil hängen, rädern oder enthaupten mußte, war es doch die
Hinrichtung von blutiger Hand, der Schwertstreich, der dem Scharfrichter als die höchste Bewährungsprobe in seinem Beruf erschien.
Schwang er das Schwert, dann ruhte der Blick der Menge wie ge-
bannt auf ihm, folgte dem blitzenden Stahl und begleitete den
Schwung wohl auch mit einem heimlichen Wunsch schnellen Gelin-
gens, damit der Delinquent nicht unnütz leide. Kein Scharfrichter
konnte vorher sagen, ob der Streich gelingen würde, keiner wußte,
wie der Delinquent sich verhalten würde. Alles hing von der Gunst
der Sekunde ab.

Diese Unsicherheit bis zum Letzten, dieses Vabanque eines jeden
Schwertstreichs ließ zunächst das Schwert selbst eine besondere Bedeutung gewinnen. Bei den Germanen hatte es diese herausragende
Rolle ohnedies stets gespielt, war mit einem Namen versehen
worden und manchem Helden wie ein zweites Ich erschienen. Es gab
Schwerter, denen man im Norden, aber auch in Irland und im rhei-
nischen Sagenbereich die besondere Gier nach Blut nachsagte, die un-
stillbare Kampfeslust, die es erst in die Scheide zurückkehren ließ,
wenn ein Feind getötet worden war.

Ähnlicher Glaube wandte sich nach dem Ende der Kämpfe mit
Schwert und Schild den letzten Schwertern zu, die man noch in Ak-
tion sehen konnte: dem Richtschwert, das im allgemeinen Eigentum
des Scharfrichters war und von ihm eifersüchtig gehütet und gepflegt
wurde. Denn war der Streich an sich schon schwierig, mit einem

fremden, ungewohnten, in Länge und Gewicht abweichenden Schwert mußte er mißlingen.

Es gab viele Scharfrichter und viele Schwerter, denn die Lebens- und Verwendungsdauer dieser so wichtigen Utensilien war erstaunlich kurz. Im Verhältnis zu der Tatsache, daß auch kleine Orte sich ihren Scharfrichter hielten und daß das Richtschwert im Eigentum des Scharfrichters blieb, haben sich eigentlich wenige bis auf unsere Tage erhalten. Sie hängen nun, scheu bestaunt, in den städtischen Sammlungen und Museen, mitunter auch über dem Sofa der Scharfrichter-Nachfahren. Die pommersche Scharfrichtersippe Schreiber, die vor allem in Treptow an der Rega, in Greifenberg, Labes und Kolberg gearbeitet hatte, verwahrte das Richtschwert eines prominenten Familiengliedes noch in der guten Stube, als die Greifenberger Schreiber längst Fleischhauer geworden waren.

»Ein Scharfrichterschwert ist kein Ritterschwert«, schreibt Beneke in seinem Buch über die unehrlichen Leute, »kein Reiterpallasch, keine soldatische Waffe. Es ist ein mäßig langes, breites, schweres Klingeneisen, mit beiden Händen zu schwingen, und steckt gewöhnlich in schwarzlederner Scheide.« Schuhmann hat mit großem Fleiß erhaltenen Scharfrichterschwertern nachgespürt, sie ausgemessen und dabei entdeckt, daß ihre Maße nur wenig voneinander abweichen. Es hatte sich also im Laufe der Jahrhunderte eine zweckdienliche Dimension herausgebildet, die dann bis zur Abschaffung dieser Hinrichtungsform in deutschen Landen beibehalten wurde. Die üblichen Maße liegen zwischen 83 und 87 cm Länge und einer Breite, die sich von 7 cm bis auf 5,5 cm am Klingenende verjüngt. Lediglich das Schwert des Scharfrichters Fuchs aus Kaufbeuren, der auch in mancher anderen Hinsicht von sich reden machte, maß 107 cm und verjüngte sich nur von 5,5 auf 5 cm. In die Blutrinne waren kurze Inschriften graviert, z. B. »Hüte dich, tu kein Böses nicht, so kommest du nicht ins Gericht« oder auch »Soli Deo Gloria«.

Schwerter dieser Art beschäftigten die Phantasie des Volkes stets in weit höherem Maße als die Kriegswaffen, obwohl so mancher Landsknecht am Ende seines Lebens mehr Menschen getötet haben mag als der Scharfrichter eines kleinen Ortes. Aber Hinrichtungen waren eben Ereignisse von besonderer Art, sie waren kein Kampf, sondern die Begegnung des Rechts mit dem Verbrechen, und niemand konnte sich vorstellen, daß der Stahl, der so viel gefährliche und schädliche Existenzen aus der Welt schaffte, ein Schwert wie jedes andere sein sollte.

In Pommern, wo die alten Slawengötter noch als Teufel durch die christliche Sagenwelt geistern, glaubte das Volk, der Teufel spiele vor jeder Hinrichtung mit den Richtschwertern, weil er eine Seele auf sich zukommen sehe. Niemand könne den Teufel sehen, aber man sehe das Schwert zittern, und zwar drei Tage vor dem Vollstreckungstermin. Dieses Sichbewegen oder Klirren der Richtschwerter ist ein weit verbreiteter Glaube, vor allem im deutschen Osten von der Ostsee bis Oberschlesien. »Zu Beginn des neunzehnten Jahrhunderts lebte in Frankenstein der Scharfrichter Pohl«, erzählt Else Angstmann am Ende ihres Buches über den *Henker in der Volksmeinung*, »der sehr geschätzt war beim Volke. In seinem guten Zimmer hatte er die Wände voll Richtschwerter hängen. Als einst sein Dienstmädchen hereintrat, ihm den Labetrunk zu bringen, geriet das große Richtschwert in stark schwankende Bewegung. Da drohte der Meister: ›Nimm dich in acht, daß dir dies Schwert nicht gefährlich werde!‹ Ein Jahr darauf aber hat er das Mädchen mit diesem Schwert richten müssen.«

Abb. 13 Darstellung der Strafen: Verbrennen, Hängen, Blenden, Aufschlitzen, Rädern, Auspeitschen, Handabhauen. Holzschnitt aus dem »Laienspiegel«, der 1508 in Mainz von Johannes Schöffer gedruckt wurde. Das Vorsatzpapier des vorliegenden Buches zeigt eine in der Komposition abweichende Darstellung der Strafen, die der Ausgabe des »Laienspiegels« aus dem Jahre 1509 entnommen ist.

In den Hansestädten an der See gab es für die Scharfrichter mitunter sehr viel zu tun, wenn eine ganze Crew von Seeräubern eingebracht wurde. Oft wurden sie gehängt, wofür es in Lübeck ein besonders leistungsfähiges Hochgericht gab, mitunter spannte man sie aufs Rad, erstaunlich häufig aber wurden diese Gesellen, die fast alle vielfache Mörder waren und mit ihren Gefangenen auf das schändlichste verfuhren, wie Edelleute enthauptet. Vor einer solchen Massenexekution soll das Bremer Richtschwert so andauernd geklirrt haben, daß es klang wie Glockengeläut. Es war im Sommer 1539, und der Scharfrichter Adelarius zählte achtzig Klänge nacheinander. Aber nur neunundsiebzig galten den Seeräubern, der achtzigste ihm selbst: Er wurde von einem Berufskollegen als Zauberer mit eben jenem Schwert gerichtet.

Das nach Blut lechzende Schwert konnte man betrügen, sofern es sich zu früh verriet. So erhielt der alte und erfahrene Scharfrichter Hermann in Bautzen einst den Besuch einer hochschwangeren Frau. Sie hatte kaum die Schwelle überschritten, als auch das große Richtschwert schon zu klirren begann. Hermann deutete die Warnung richtig auf das Ungeborene und riet der Frau, nach der Geburt wiederzukommen. Als sie ihm das Kind brachte, nahm er das große Schwert, ritzte damit zwei Kreuze in die Sohlen des Kindes, bis ein paar Tropfen Blut kamen, und »das Kind ist dann ein ordentlicher Mensch geworden und ehrlich gestorben« (Meiche, Sächsische Sagen). In einem andern Fall aus dem Städtchen Alt-Berun im Kreis Pleß lehnten die Verwandten des Kindes diese Vorsorge ab, und der gleiche Henker, der die Warnung ausgesprochen hatte, mußte das Mädchen als Kindsmörderin richten. Befangen, weil er die Delinquentin so lange und so gut kannte und weil er sich des Vorfalls erinnerte, ›butzte‹ er, das heißt, er richtete schlecht und entkam mit knapper Not der wütenden Menge, die ihn steinigen wollte.

Erinnerungen an solche Fehler bei der Hinrichtung haben sich naturgemäß länger und deutlicher erhalten als das Gedächtnis des Normalfalls, in dem alles wie vorgesehen verlief. Auch der geübte Scharfrichter konnte gelegentlich einen Fehlschlag tun, das beweist am deutlichsten das Tagebuch des Nürnberger Scharfrichters Meister Franntz (Schmidt), aus dem sich über vierhundert Hinrichtungen entnehmen lassen, mehr, als die meisten seiner Kollegen aufzuweisen hatten. Und dennoch steht – nicht sehr häufig, aber auch nicht ganz selten – der vielsagende Zusatz dabei »ihme mißlungen«. So schlimm allerdings wie unter Schmidts Nachfolgern war es zur Zeit Meister Franntzens nie zugegangen. Der erste, der auf Schmidt folgte, hieß Bernhard Schlegel und konnte nicht· einmal hängen, weswegen »jedermann ein groß Mißfallen an seinem Henken gehabt, uf ihn gescholten, geflucht und alles Übels gewünschet, daß nit viel gefehlet, man hätte ihn gar gesteiniget, wann man die gefroren Erdschollen hätte gewinnen können« (es war der 1. Februar 1620).

Schmidts zweiter Nachfolger Valentin Deußer hatte 1641 ein Mißgeschick, das man sich wohl nur mit Trunkenheit erklären kann: »Die arme Sünderin war sehr krank und schwach, daß man sie bis zum Krippelstein hat führen müssen, und wie sie sich auf dem Stuhl hat niedergesetzt, da ist meister Val(en)tin, der Henker, um sie herum wie ein Katz und den heißen Brei und hielt das Schwert ein Spannweit vom Hals und zielte; darnach hieb er zu und verfehlte den Hals und hauet ihr ein Stück so groß als ein Thaler vom Kopf weg, und schlug sie über den Stul hinunter. Da ist die Arme frischer (*noch einmal*) aufgestanden... und fing an zu bitten, weil sie sich so tapfer gehalten hat, man solle sie laufen lassen. Das wollte aber nicht helfen, sondern (*sie*) mußte sich noch einmal niedersetzen. Da wollte der Löw (*der erste Gehilfe*) dem Meister Valtin das Schwert nehmen und damit zuhauen; dieses ließ aber der Meister nicht geschehen, sondern haute zu dem andernmal ein wenig stärker, daß sie wieder auf die Erden fiel. Dann schneidet er ihr den Kopf liegend auf der Erden ab, worüber er erst im Heimgehen seinen Lohn empfangen, daß er bald wäre gesteiniget worden, wenn ihme die Stadtschützen nit wären zu Hülff kommen, maßen ihm das Blut schon über den Kopf ist herab gerunnen.«

Die Steinigung, die der Volkswut besonders angemessene Strafe, erwartete jeden Henker, der ›unehrlich‹ richtete. Obwohl es nirgends geschrieben steht, faßte das Volk in Frankreich, Italien, Deutschland und anderen Ländern den Henker als vogelfrei auf, wenn ihm eine Hinrichtung mißlang, und es haben sich sogar bildliche Darstellungen solcher Henker-Steinigungen erhalten. Neben der an sich schwierigen Schwertführung wird als Grund für ein so auffälliges Versagen oft Trunkenheit anzunehmen sein. Schließlich war es selbst für den Scharfrichter nicht alltäglich, einen Menschen ins Jenseits zu befördern, und vor allem, wenn Frauen oder Mädchen zu richten waren, häufen sich die Berichte von Hinrichtungsfehlern. Nicht immer war daran die geringere Widerstandskraft der Delinquentin schuld, die meist nicht aufrecht stehen blieb, die auch auf dem Stuhl noch den Kopf bewegte, lamentierte und um ihr Leben bat. Oft mag sich der Henker, um nicht weich zu werden, Mut angetrunken haben. Dieser Umstand dürfte auch die Erklärung für die Scharfrichtersagen sein, in denen dem Henker im Augenblick, da er das Schwert schwingt, statt einem Kopf deren drei erscheinen (Mecklenburg) oder gar sieben, wie dem schon erwähnten Bremer Henker Adelarius, dem dies widerfuhr, als er einen wegen Zauberei verurteilten Mann hinrichten sollte.

In verständliche Erregung geriet der Wiener Neustädter Scharfrichter Nikolas Moor, der am 30. April 1671 die an einer Verschwörung gegen das Kaiserhaus beteiligten ungarischen Magnaten Peter Zrinyi und Franz Frangepan hinrichten sollte; Herren so hoher Geburt und Hinrichtungen von so großer staatspolitischer Bedeutung waren in der Stadt, deren Glanz- und Residenzzeit schon Jahrhunderte zurücklag, selten geworden. Also trank Nikolas Moor sich soviel Mut an, daß er dann auf der schwarz beschlagenen Bühne im äußeren Zeughaus-Hof eine äußerst klägliche Vorstellung gab. Schon fünf Tage darauf war das Dekret da, das ihn zu sechsmonatiger Strafarbeit ›in Eisen und Banden‹ im Wiener Stadtgraben verurteilte...

Die Berichte solcher Fehl-Schläge ließen sich häufen; sie machten die Unsicherheit dieser Hinrichtungsart im Lauf der Jahrhunderte auch jenen bekannt, die solchen Schauspielen nur selten oder gar nicht beiwohnten. Man ging daher zunächst dazu über, den Delinquenten nicht mehr knien zu lassen, sondern setzte ihn auf einen Stuhl, auf dem er oft angebunden wurde (ein Verfahren, das zunächst nur bei weiblichen Delinquenten angewendet worden war). Die sichere altdeutsche Köpfung mittels Beil und Schlegel wurde wohl aus ästhetischen Gründen nicht wieder eingeführt, aber die latente Unzufriedenheit mit dem frei geschwungenen Richtschwert war einer der Gründe für die Einführung des Fallbeils auch in Ländern, in denen die Neuerungen, wie die Französische Revolution sie gebracht hatte, sonst keineswegs geschätzt wurden.

Der Galgen

Er war und blieb wohl das verhaßteste Symbol obrigkeitlicher Macht über Leben und Tod: der fast stets frei aufragende, weithin sichtbare Galgen in seiner nur selten abgewandelten Form, über deren Zweck man sich keiner Täuschung hingeben konnte. Pfahl und Querbalken, der hungrig ausgereckte Holzrüssel des scheußlichen Bauwerks, sind ungleich populärer geworden als Grube, Fallbeil oder Rad, und da der Galgen auch dann auf seinem hoch und frei gelegenen Platze aufragte, wenn wochenlang niemand hinzurichten war, prägten sich seine Form, seine Funktion und seine Plazierung auf dem Hügel außerhalb der Stadt dem Denken und der Phantasie des Volkes besonders tief und nachhaltig ein.

Aber nicht nur darum galt das Hängen als die schimpflichste aller Hinrichtungsarten. Es war nicht nur als gemeiner, als Verbrechertod sehr deutlich von der Hinrichtung durch das Schwert oder das Fallbeil unterschieden, sondern auch durch den besonderen Grad der Öffentlichkeit und der Preisgabe, der sich mit dem Hängen verband. Hoch über der Menge, frei vor aller Augen hängend, war der Delinquent noch in der heiligen und zugleich erbärmlichen Minute des Hinübergehens allen Blicken ausgesetzt. Jede Verzerrung seines Gesichts, jedes Zucken seiner Gliedmaßen, ja das Brechen der Augen und das Erschlaffen des Körpers nach der Agonie wurden selbst auf dem Rad nicht in dem Maße allen Umstehenden sichtbar wie beim Hängen. Und noch nachher, wenn alles vorüber war, hielt die Preisgabe an: Der Körper baumelte am Strick, die Winde zerrten an ihm und ließen den Leib lästerlich tanzen, die Vögel hackten an ihm herum, und das Gesindel holte sich nachts seine Kleider oder schnitt ihm Knöchelchen aus Fingern und Zehen, um sie als Talismane zu verkaufen. Es war ein langer Tod, den der Gehängte starb, und das Entweichen der Seele war nur der Anfang. Sonne und Winde spielten mit dem Leib, der sonst den Blicken entzogen wird und in der Erde ruht, und die Mitbürger des Gerichteten hatten, ob sie es wollten oder nicht, tage- oder wochenlang das Schauspiel seiner Auflösung vor Augen. Sie war ein Teil der Strafe, eben weil sie sich so öffentlich vollzog wie die Strafe selbst, und es war oft bei Leib und Leben verboten, die schauerliche Prozedur dadurch abzukürzen, daß man den Leichnam vorzeitig aus der Schlinge löste und verscharrte.

Das alles ist seit Jahrtausenden so, wie uns die schon vor Neros Zeiten aufgezeichnete Fabel von der Witwe von Ephesus beweist: Sie trauert zunächst zwar händeringend um ihren Gatten, ergibt sich jedoch schließlich einem hübschen Wachsoldaten vom Galgenberg und rettet diesen, als während der Schäferstunde ein Gehängter verschwindet, dadurch vor schwerer Strafe, daß sie den geliebten und vorher so sehr beweinten Gatten als baumelnden Ersatz zur Verfügung stellt.

Die Schande ist also wohl schon sehr lange die Begleiterscheinung dieser Hinrichtungsart, ähnlich wie beim Ertränken, bei dem der Mensch behandelt wird wie überflüssiger Nachwuchs bei den Haustieren und bei dem ebenfalls niemand zugreifen muß: Das Wasser nimmt die Luft, der Galgen und der Leib des Verurteilten ziehen gemeinsam die Schlinge zu. Der Henker braucht nur den Schemel wegzustoßen, so wie er eine Kindsmörderin ins Wasser stößt.

Hentigs Überlegung, daß der erste Galgen ein Baum war, ist zweifellos richtig: Im Wald war es gewiß einfacher, einen zweckdienlichen Ast zu suchen als erst einen Galgen zu zimmern. Der Tote war damit aus dem Weg, er hing in der Luft und mußte nicht begraben werden, er lag nicht im Gesträuch, wo er die Tiere anlockte.

Zweifelhaft erscheint erst die Folgerung, daß wegen dieser Entstehung im Walde das Hängen eine germanische Todesart sein müsse oder gar ein Hinrichtungsmodus, den sich die Germanen erdacht hätten. Die alte Welt war nämlich in weit höherem Maße, als wir es vermuten, mit Wäldern bedeckt; selbst das heute so holzarme Italien war auf weite Strecken ein Waldland, und die Römer praktizierten das Hängen vielleicht nicht so häufig wie die Germanen, aber doch immer wieder. Wenn die Berichte darüber spärlich sind, so mag dies seine Ursache in der Nichtswürdigkeit des Vorgangs und der Opfer haben. Für Männer von Rang, für wichtige Gegner oder große Verbrecher, gab es bei den Mittelmeervölkern eben eine Reihe besonders eindrucksvoller Hinrichtungsverfahren wie Kreuzigung oder Felssturz.

Eine interessante Vermengung des Hängens mit anderen Todesarten überliefert uns die Bibel:

>Und Josua schlug sie darnach und tötete sie und hing sie an fünf Bäume; und sie hingen an den Bäumen bis zum Abend« (Jos. 10, 26).

>Und David gebot seinen Jünglingen; die erwürgten sie und hieben ihnen Hände und Füße ab und hingen sie auf am Teich zu Hebron ...« (1. Samuel 4, 12).

Die Stelle aus Samuel ist noch deutlicher, denn in ihr ist gesagt, daß die zu tötenden Männer erst erwürgt und dann gehängt wurden, so daß also das Hängen keinesfalls seinen späteren Charakter des Tötens durch Erwürgen gehabt haben kann, sondern zunächst nur die schimpfliche Ausstellung des Leichnams bezweckte. Es ist möglich, daß Länder mit dem Vegetationscharakter des wüstennahen Israel tatsächlich den Strangulierungstod am Baumast nicht kannten, weil es wenig Bäume gab und weil die Bäume als Schattenspender und Feuchtigkeitskünder zu sehr geliebt wurden, als daß man sie mit Leichnamen behängen und den angenehmen Ruheplatz unter dem Geäst damit zu einem Ort des Ekels und des Schreckens machen wollte.

Abb. 14 Erhängen von Soldaten im Walde. Holzschnitt aus einer Schweizer Chronik des Jahres 1548.

Aus den Wäldern also zog die Strafe des Hängens in die Kultur-landschaften. Bäume am Weg wurden mit Gehängten garniert, um die Abschreckungswirkung zu erhöhen, und die Städte setzten, kaum daß sie ihre Gerichtshoheit erhalten hatten, alles daran, einen Galgenberg zu bestimmen, der möglichst weithin sichtbar war und auf dem die Leichen im Winde über dem Städtchen tanzten. Denn wenn der Wald auch fehlte, die Bäume rings um die Stadt rar geworden waren und der zweckdienliche Ast sich nur noch schwer finden ließ, so wollte man das vertraute Gebaumel der toten Übeltäter doch nicht missen:

»Kaum hatte Kaiser Sigismund 1433 den Gersauern am Vierwaldstättersee den Blutbann verliehen, da errichteten sie flugs ihren Galgen, wie gewöhnlich am erdenklich schönsten Punkte des Gemeinwesens. Seine zwei Pfeiler standen auf dem festen Lande am See, der dritte aber fußte in den grünen Fluten, so daß der Gehängte es kaum ergötzlicher wünschen konnte« (Beneke).

Wenngleich von einem hübschen Allgäuer Städtchen berichtet wird, daß es sich seinen Aussichtsberg nicht durch solch ein düsteres Bauwerk nehmen lassen wollte, zierten sich nach und nach nicht nur in Deutschland, sondern auch in anderen europäischen Ländern die stadtnahen Höhen mit dem grausigen Mahnmal der Gerechtigkeit. In England waren es Kreuzwege, an denen zur Abschreckung des meist ohnedies schon ängstlichen Wanderers Diebe, Wegelagerer und andere Bösewichte aufgehängt wurden, und man hatte, wenn man über Land reiste, sehr oft viertelstundenlang solch ein armseliges Gerippe vor Augen, das im Winde tanzte und tatsächlich, wie ein rauhes Scherzwort behauptete, mit des Seilers Tochter Hochzeit zu feiern schien.

Die durch Jahrhunderte am meisten verbreitete Form der Hinrichtung, das geschwinde und saubere An-die-Luft-Hängen des Übeltäters, begann seit dem Mittelalter die Phantasie des Volkes in einem Maße zu beschäftigen wie kaum ein anderer Bereich des Rechtslebens. Während die eigentliche Verhandlung und das Urteil sich innerhalb jener gelehrten Welt abspielten, zu der das Volk keinen Zugang hatte, ja deren Sprache – das Lateinische – es nicht einmal verstand, entsprach das Hängen der altgermanischen Gewohnheit des öffentlichen Rechtsgeschehens und des öffentlichen Strafvollzugs. Obendrein befriedigte es die von Hemmungen ungetrübte Schaulust des mittelalterlichen Menschen, der ja weder Zeitungen noch gar modernere und anschaulichere Unterrichtungs- und Unterhaltungsmedien kannte und mit ländlicher Einfalt dem anhing, was ihm in seinem kleinen Bereich geboten wurde.

Der Galgen und der Vorgang des Hängens wurden darum Gegenstände des schwarzen Volkshumors und des Volksglaubens und Ansatzpunkte einer spezifischen Erzähltradition, die bis zu den Phantasten des zwanzigsten Jahrhunderts heraufreicht. Mit ihrer durchaus eigentümlichen Welt zwischen Wirklichkeit und Jenseits, zwischen dem Abschied vom Leben und dem Eingang in das Zwischenreich der baumelnden Bösewichte würde sie eine eigene Darstellung verdienen.

Diese Aura des Aberglaubens, ebenso scheu wie eifrig um den Tod der Elenden gewunden, wird erklärlich, wenn man sich vergegenwärtigt, daß der gesamte Strafvollzug ursprünglich bei den Germanen, aber auch bei vielen anderen Völkern, eine sakrale Handlung war. Priester, Richter und Arzt waren eine Person, Schuld vor der Gemeinschaft war Schuld vor den Göttern, einen Unterschied kannte das Denken lange nicht. Selbst die scharfsinnigen Griechen klagten im Namen der Götter an, mochte auch der ganze Götterhimmel durch zahllose Sagen und Histörchen längst zu einem nachbarlich vertrauten Obergeschoß des griechischen Lebens geworden sein.

Die Priester hatten in den frühen Gemeinschaften Führer- und Lehrerfunktionen, und wenn sie Übeltäter richteten und an Bäume oder Baumäste zu hängen befahlen, so war das schon in seinen Anfängen zweifellos zweierlei: Es war praktisch und somit geeignet, eine Dauereinrichtung zu werden, und es war ein Akt, der sich gut religiös interpretieren ließ, da der über der Erde hängende, den

Winden preisgegebene Leichnam höchst augenfällig ein Opfer an die Elemente und die Gottheiten darstellte.

Später verwischten sich die Begleitumstände dieser ersten Hinrichtungen durch Hängen, der tote Ast, der gelegentlich vorgeschrieben wurde, der grüne Ast oder die Eiche. Die Ächtung alles Heidnischen im christlichen Mittelalter mag dazu beigetragen haben, daß die Wege sich trennten. Die Eiche blieb als mächtige Zierde des deutschen Waldes hoch angesehen, Galgen und Galgenholz hingegen verfielen der Verachtung. Denn nun gab es eine weltliche und eine geistliche Gerichtsbarkeit, die Übeltäter waren zwar auch noch Sünder, aber sie wurden nicht einem Gott geopfert, sondern sie wurden aus der Gemeinschaft ausgestoßen und starben als Verfemte. Der ganze Bereich des Hinrichtungsvollzuges, den nur ein Priester mit reinen Händen hätte verwalten können, wurde geächtet und vom Leben der ehrlichen Leute abgekapselt. Aber es war eine durchaus äußerliche Abkapselung, eine pharisäische Distanzierung, denn innerlich, mit Seele und Sinnen, nahmen alle leidenschaftlich Anteil an dem, was mit dem Delinquenten nach seiner Verurteilung geschah.

Hatte der Ort noch keinen Galgen, so mußte spätestens nach dem Urteilsspruch ein solcher gezimmert werden. Aber die ehrsamen Handwerker – ein Beiwort, das damals noch viel konkretere Bedeutung hatte als heute – weigerten sich, auch nur den Baum zu fällen, aus dem der Galgen entstehen sollte. Gab es niemanden (Ortsfremde, Kriegsgefangene und andere), der gegen Lohn die Arbeit auf sich nahm, so mußte sie gemeinschaftlich verrichtet werden, damit nachher keiner den anderen als unehrlich bezeichnen konnte, und das Oberhaupt der Gemeinschaft mußte den ersten Axthieb führen (Beispiele dafür bewahrt uns sogar noch das achtzehnte Jahrhundert: 1712 war es so in Aulendorf, gegen Ende des Jahrhunderts in Marburg).

Den Henker selbst zu finden, mag noch schwieriger gewesen sein. Es soll auch hier zu gemeinschaftlichen Hinrichtungen gekommen sein, in der Form, daß alle Männer eine Hand an den Strick legen mußten, bis die Verpflichtung eines berufsmäßigen Henkers, der alle Hinrichtungen in einem bestimmten Umkreis besorgte, diese Not beendete. Selbst innerhalb der Nachrichter unterschied man oft jene, die ›mit trockener Hand‹ richteten, von den angeseheneren Scharfrichtern, die den tödlichen Schwertstreich zu führen hatten.

Der Verurteilte war in christlicher Zeit wohl kein Opfer mehr, aber sehr vieles erinnerte noch an die sakrale Handlung aus heidnischer Zeit, vor allem die Entkleidung. Mußten vor dem Schwert Nacken oder auch Oberkörper entblößt werden, so hätte der Verbrecher doch ohne weiteres in seinen Kleidern gehängt werden können. Aber die Hinweise auf seine Entkleidung, auf das Hängen im bloßen Hemd oder in völliger Nacktheit sind zu häufig, um als Zufall gedeutet werden zu können; es muß damit schon die besondere Bewandtnis der Auslieferung an die Elemente und später der Bloßstellung haben.

Aus eben diesem Grund aber scheinen Frauen am Galgen äußerst selten gewesen zu sein. Bei den Germanen schieden sie für das Götteropfer aus und wurden oft in Moore versenkt. Im christlichen Mittelalter war es undenkbar, eine Frau in dieser Form, am Strick und womöglich unbekleidet in den Lüften schwebend, zur Schau zu stellen. Dennoch haben sich Autoritäten vom Rang eines Karl von Amira gegen diese Ansicht gewendet und erklärt, die Frauenehre habe mit der Tatsache, daß verhältnismäßig wenige Frauen gehängt wurden, nichts zu tun. Unter den sehr spärlichen Berichten über das Hängen von Frauen sind einige aus England, bei denen die Delinquentin vor ihrem Tode bittet, man möge sie nicht zu hoch hängen, damit ihr niemand unter die Röcke sehen könne. Eine Irin allerdings verteilte vor der Exekution selbst ihre Kleider unter die Umstehenden und stürzte sich dann im Hemd so entschlossen in die Schlinge, daß sie sich sogleich das Genick brach.

Zwei Berichte über Frauenhängen aus französischen Quellen zeichnen sich durch besonders grausige Details aus. Der Mönch Richer aus dem Benediktinerkloster Saint-Remy bei Reims erzählt in seiner französischen Geschichte von der Doppelhinrichtung zweier Verräter aus dem Jahr 901. Ein Mann und eine Frau wurden des Verrats überführt und »in ungewöhnlicher Art der Verspottung an den Füßen aufgehängt und entblößt, da die Kleider ringsum herabhingen«. Der andere Fall ist uns in dem anonymen Tagebuch eines Pariser Bürgers überliefert, der unter Karl VI. und Karl VII. lebte. Danach wurde im Jahr 1422 in Meaux bei Paris eine junge Frau, die gegen die Gefangennahme ihres Gatten protestiert und den Herrn von Meaux beleidigt hatte, an einem Baum vor der Stadt lebendig, aber so niedrig aufgehängt, daß die Wölfe sie hochspringend erreichen konnten; um die Bestien anzulocken, hatte man ihr zuvor die Kleider abgeschnitten.

Beide Fälle, so wenig im einzelnen an ihnen zu zweifeln ist, haben nicht die volle Beweiskraft, ja sie scheinen eher zu beweisen, daß es durchaus unüblich war, Frauen zu hängen. Richer sagt dies ausdrücklich, und der anonyme Chronist aus dem Hundertjährigen Krieg weiß zu berichten, daß der Unmensch von Meaux, genannt der Bastard von Vauru, bald nach der Tötung des armen Weibes selbst hingerichtet wurde.

Ausnahmen gab es allerdings stets dann, wenn, wie in dem von Richer berichteten Fall, ein gemeinschaftlich begangenes Verbrechen vorlag. In diesen Fällen wehrte sich das Rechtsempfinden des Volkes offenbar dagegen, daß ein und dieselbe Tat an Mann und Frau auf verschiedene Weise gesühnt werden sollte. Als im frühen achtzehnten Jahrhundert nach langer Jagd eine große Zigeunerbande in Franken und Hessen nach und nach aufgegriffen und verurteilt wurde, berichteten nicht nur die deutschen Zeitungen ausführlich über die Massenhinrichtungen, sondern die Neuigkeitenzeichner überliefern uns auch, wie es im einzelnen dabei zuging:

Während die Männer sich noch im Fichtelgebirge verteidigten, »... ist die Exekution an dem Zigeuner-Raub-Gesindel zu Berneck, welches lauter Weiber und sechzehn an der Zahl waren, vollzogen worden, und wurden eine nach der andern an die Bäume gehangen. Sie waren der Meinung, es wäre kein Ernst, daß sie sterben sollten, da man aber zwei bis drei aufgehangen, schrien sie entsetzlich. Hernach aber achteten sie es nicht, sondern rauchten Toback und wollten sich auch nicht bekehren, wiesen mithin die Herren Geistlichen von sich hinweg. Eine hatte sechs Kinder und eine war erst vor sechs Wochen ins Kind-Bett gekommen, noch eine aber war erst vierzehn Jahre alt und hatte schon zwei Kinder. Eine war noch ledig und eine Alte von sechsundneunzig Jahren wollte sich gar nicht zum Sterben bequemen und wurde zum letzten aufgehangen. Ihre Kinder haben des Herrn Marggrafen hochfürstliche Durchlaucht in die benachbarten Städtlein zum Aufziehen verteilen lassen ...«

Die endgültige Liquidation der großen Bande am 14. und 15. November 1726 in Gießen hat uns J. A. Kall in einer Radierung geschildert, auf der Männer wie Frauen unterschiedslos so gut wie unbekleidet sind. Mit Zigeunern machte man eben nicht viel Umstände.

Im ganzen wird man jedoch sagen können, daß es sich bei den verhältnismäßig wenigen Frauen, die den Tod durch das Hängen erleiden mußten, um eine geringfügige Inkonsequenz gegenüber einem sonst recht festgefügten Bau von Bräuchen und Traditionen handelt. Der Unterschied der Geschlechter wurde in keinem anderen Bereich der Überlieferung so stark beachtet wie im Rechtsbrauch, und noch im zwanzigsten Jahrhundert wurde in Kalifornien eine allgemeine Häftlingsrevolte befürchtet, als in San Quentin die erste

Israel ex. Cum Priul. Reg.

A la fin ces Voleurs infames et perdus,   Monstrent bien que le cri
Comme fruits malheureux a cet arbre pendus   Est luy mesme instrumen

ble et noire engeance)   Et que ceſt le Deſtin des hommes vicieux
et de vengeance ;.   Déſprouuer toſt ou tard la iuſtice des Cieux .   1)

Frau in die Gaskammer geschickt werden sollte. Vieles, was Männer auf sich zu nehmen bereit sind, erscheint ihnen mit einemmal unmenschlich, wenn es eine Frau treffen soll. Die Zigeuner von Gießen reagierten darin nicht anders als die Zuchthäusler von San Quentin, und die oben beschriebene Exekution der sechzehn Zigeunerinnen mußte wegen der Branddrohungen der Zigeunerschar durch nicht weniger als vierhundert Soldaten abgesichert werden...

Der Galgen und das Hängen erweisen sich somit als erstaunlich fest im Volksbewußtsein verankert. Wie ein alter Schiffsboden Muscheln ansetzt, so hat diese Hinrichtungsart im Lauf der Jahrtausende eine Fülle abergläubischer Bräuche unter das Volk gebracht – nicht etwa erst im deutschen Mittelalter, in dem germanisches Erbe oft in den Aberglauben abgedrängt wurde, sondern schon im alten Rom. Kein Geringerer als der ältere Plinius, einer der Weltweisen und ein Hort der Gelehrsamkeit, empfiehlt den Strick, an dem sich einer erhängt hat, als Heilmittel gegen Kopfweh, und noch im siebzehnten Jahrhundert verbreitete der Leipziger Gelehrte Prätorius in seinen Schriften den gleichen Unsinn. Bei anderen Autoren kann der Galgenstrick Pferdekrankheiten, Gicht, Rheuma, Zahnschmerz, ja die Krankheitsdämonen überhaupt vertreiben, ist aber auch ein Glücksbringer vor allem für die Händler, hält Diebe fern und schützt vor dem Blitzschlag. Noch kräftiger wirkte die allerdings seltenere Galgenkette, also die Kette, an der man einen Übeltäter gehängt hatte. Sie war besonders von Pferdehändlern begehrt, weil sie auch die ältesten Gäule und todkranke Mähren munter und lustig erscheinen ließ.

Nächst dem Galgenstrick war das Holz des Galgens selbst wunderwirksam, und man könnte die Anwendungsmöglichkeiten zu Dutzenden aufzählen. Für alte Zeiten mag die wichtigste gewesen sein, daß ein Span vom Galgen, sofern der Bauer ihn unter der Stallschwelle vergrub, den Milchzauber abwehrte. Vor allem aber half es den Spielern, zunächst beim Kegeln (gut Holz!), aber auch bei den Karten, und wollte man ganz sicher gehen, dann suchte man auf dem Galgenberg nach einem vierblättrigen Kleeblatt...

Wir neigen dazu, das alles mitleidig zu belächeln, und vergessen die Hilflosigkeit des mittelalterlichen Menschen inmitten einer Welt, die er kaum zu deuten vermochte und die weit mehr Schrecken barg, als er zu bewältigen verstand. Der Bauer auf seinem Gehöft war dem Krieg, den Marodeuren, Räubern, Unwettern, dem Blitz, aber auch Mißernten und Viehseuchen schutzlos preisgegeben. Weder Polizisten noch Versicherungen, weder Impfungen noch Genossenschaften halfen ihm und seinem Besitz; er war den Mächten ausgesetzt und half sich nach seinem Verstand und Vermögen. Skepsis hätte Verzweiflung bedeutet, Aberglauben hingegen bedeutete doch hin und wieder ein wenig Hoffnung.

Wer sich all den wundersamen Unsinn erdachte, der weit und breit geglaubt und nacherzählt wurde, ist nicht schwer zu beantworten. Eine Quelle waren zweifellos die Henker selbst mit ihren Gesellen, und niemand kann es ihnen verdenken, daß sie, die Ausgestoßenen, sich wenigstens durch den Handel mit echten oder angeblichen Galgenstricken, Galgennägeln, mit Splittern vom Galgenholz, Alraunen und Pflanzen vom Galgenberg für ihre Ächtung schadlos hielten. Nächst ihnen waren es dann die wandernden Händler, die noch heute, da sie vorwiegend in ländlichen Gegenden operieren, ihre Vertretersprüchlein aus dem Schatz des Volksglaubens beziehen, nur daß es heute nicht mehr der Milchzauber, sondern die vor der Atomstrahlung schützende Bettdecke ist.

Eine Sammlung dieser und anderer Wundermären hat uns, gleichsam aus erster Hand, einer der letzten Scharfrichter alter Prägung hinterlassen: Karl Huß (1761-1838) aus Brüx, der nach einigen Gymnasialjahren seinem Vater in diesem so oft vererbten Amt

nachfolgte, 1787 aber arbeitslos wurde, als Kaiser Joseph II. die Todesstrafe abschaffte. Huß fand den immer wieder überraschenden
Übergang zur Medizin, eine bei Scharfrichterssöhnen so häufige Be-
rufswahl, daß man darüber nachdenklich werden könnte. Er hei-
ratete eine Bürgerstochter, die er geheilt hatte, und erwarb sich
durch seine Kenntnisse und naturwissenschaftlichen Sammlungen einen bedeutenden Ruf. Goethe war oft zu Gast im Scharfrichterhaus
zu Eger und pflegte die Verbindung bis zu seinem Tode. Huß
schrieb außer einer vierbändigen Geschichte der Stadt Eger ein ori-
ginelles Buch, das er *Vom Aberglauben* nannte und in das viel von
dem einfloß, was er als Letzter einer Scharfrichtersippe wohl in
mündlicher Tradition erfahren hatte.

Vieles allerdings war selbst den Henkern nicht bewußt und ist
erst von der Forschung aufgehellt worden, so zum Beispiel die Frage, warum meist in der Weise gehängt wurde, daß der Delinquent
nach Norden blickte. Das war seit dem Anbruch christlicher Zeiten
jene Himmelsrichtung, in der noch Dämonen vermutet wurden. Der
alte nordische Götterhimmel war verfemt, der gehängte Übeltäter
mußte Rom, der Stätte des Heils, den Rücken kehren und nach Norden blicken. Wollte man ihn besonders schmähen, so hängte man
Hunde neben ihm auf, die zweifellos eine Erinnerung an Odins
Wölfe sind, wie ja auch die Raben, Odins Botenvögel, sehr bald
nach der Hinrichtung den Galgenberg zu umkreisen begannen und
so mancher dieser Berge den Namen Rabenstein erhalten hat.

Ebenso dunkel blieb die Redensart oder Drohung vom höchsten
Galgen, an den man jemand hängen wolle. Es war eine Erhöhung,
die genau das Gegenteil von anderen Erhöhungen bedeutete, nämlich einen besonderen Schimpf, die sichtbarste Ausstellung und
Schmähung der Leiche. Natürlich war diese Verschärfung der Strafe
nur dort anwendbar, wo es einen anderen als den einfachsten Galgen gab. Das waren nicht wenige Orte, denn im Mittelalter, ja bis

zu den großen Strafrechtsreformen des achtzehnten Jahrhunderts, stand die Todesstrafe auf sehr viele Vergehen, auf Übergriffe aller Art vom Diebstahl angefangen, und Haftstrafen waren äußerst selten. Man peitschte aus, verstümmelte oder hängte auf, und das mag für mittlere und größere Gemeinwesen schon die Notwendigkeit ganzer Galgenkonstruktionen mit vielen Hängemöglichkeiten mit sich gebracht haben.

Die einfachste dieser Konstruktionen war der Gabelgalgen, an dem zwei Menschen gehängt werden konnten, die bekannteste jedoch

Abb. 15   Die älteren Galgen unterscheiden sich in ihrer Einfachheit von den Hochgerichten späterer Tage. Holzschnitt aus der »Historie vom Ritter Galmy aus Schottland«, Straßburg 1539.

das Hochgericht: drei, vier oder mehr senkrecht aufragende Pfeiler auf gemauertem Untergrund, die durch Querbalken verbunden waren, an denen mittels Haken Dutzende von Delinquenten gehängt werden konnten und hängenblieben als permanente und grausige Abschreckung, eine Leichensammlung im Wind.

Lübeck, im Spätmittelalter eine der größten Städte, hatte solch eine imposante Konstruktion, »ein prahlerisches Denkmal der Strafjustiz«, wie Amira den Fünfpfeiler-Bau von zwanzig Metern Höhe nennt. Paris aber, das schon um 1200 an die hunderttausend Einwohner zählte, übertraf sie alle mit den Todesgerüsten, wie sie in Montigny und Montfaucon aufgemauert worden waren.

Es war im dreizehnten Jahrhundert, zur Zeit des heiligen Ludwig, daß Paris sein erstes Hochgericht erhielt. Saint-Louis tat, was er konnte, für die Säuberung der Stadt; er trieb die Dirnen aus und bestimmte den Dieben, Räubern und Mördern ein luftiges Haus auf der Höhe eines Hügels, der einst den Grafen Fulco gehört hatte und von diesen Besitzern den Namen Mont-Faulcon (später Montfaucon) erhielt. Er ist heute nicht mehr ganz leicht aufzufinden, und es genügt hier wohl die Angabe, daß er sich auf halbem Wege zwischen dem Gare de l'Est und dem Park der Buttes Chaumont erhob. Bei Bauarbeiten an der Rue de la Grange-aux-Belles fand man im September 1954 noch zwei Pfeiler des Hochgerichts und zahlreiche Gebeine; die Pfeiler wurden in eine Trennwand zwischen den Grundstücken Nr. 53 und 55 dieser Straße eingebaut, die Gebeine von den Bulldozern zu Pulver zermahlen. Abergläubische Leute scheinen dort nicht zu wohnen.

Der Galgenbau des heiligen Ludwig war schon auf einem gemauerten Sockel errichtet, bestand selbst aber noch aus Holz. Nur ein schmaler Pfad führte von der einst stark begangenen Straße nach Meaux zu der kahlen Kuppe, die Winden und Unwettern so preisgegeben war, daß die Holzgalgen schnell verwitterten. 1325 wurde

dann das aus vielen Abbildungen bekannte Hochgericht aus Stein-
pfeilern errichtet. Es war das Verdienst Pierre Remys, Schatzmei-
sters König Karls IV. Remy interessierte sich sehr für die Arbeiten,
gab den Maurern genaue Anweisungen an Ort und Stelle und fühlte sich von dem grausigen Ort so rätselhaft angezogen, als ahnte er,
daß er drei Jahre nach der Fertigstellung des Hochgerichts selbst
dort hängen würde. Er war damit nicht der erste in der langen Reihe
von Schatzmeistern und Finanzministern, die von ihren Königen
auf diese Weise zur Verantwortung gezogen wurden, und erst recht
nicht der letzte: Pierre de la Brosse, Finanzminister Philipps des
Kühnen, Gérard de la Guette, Finanzminister Karls IV., Macé de
Maches (Schatzmeister) und René de Siran (Direktor der Münze)
unter Philipp VI., Pierre des Essarts, Prévost von Paris und ehe-
maliger Finanzminister und so fort. Zwei von ihnen waren, wie
man heute annimmt, unschuldig: Enguerrand de Marigny, Finanzminister Philipps des Schönen, den man 1315 gehängt hat, und
Jacques de Beaune, Baron de Samblancay, Intendant der Finanzen
des lebenslustigen Königs Franz I., dem sein König 1527 den Prozeß
machen ließ . . .

Auf sie alle warteten die zehn Meter hohen Pfeiler, die am obe-
ren Ende und auf halber Höhe durch Holzbalken verbunden waren.
Hier, auf der Höhe von Montfaucon, hätten Galgenstricke kein
langes Leben gehabt. Hier hingen Ketten und hielten die Leichname
so lang, bis sie zerfielen. Die herabgefallenen Knochen und Kleider-
reste sammelte man in Gruben rings um den Hügel, die den einzigen
Friedhof für Gerichtete und Selbstmörder in der ganzen großen
Stadt Paris bildeten.

Ein eigenes Detachement der Stadtwache hatte Tag und Nacht zu
verhindern, daß Leichen aus den Ketten gestohlen und bestattet
oder für abergläubische Zwecke zerlegt wurden. Zu den eifrigsten
Leichendieben gehörten aber auch die Schüler der berühmten Pari-

ser Universität, denen für anatomische Studien alljährlich nur zwei Leichname bewilligt wurden (und das bei einer Hörerzahl, die schon um 1200 zwanzigtausend erreicht hatte).

Ein Nachbargalgen, *le Gibet de Montigny*, nahm auf, was das große Hochgericht an Hinrichtungen nicht mehr bewältigen konnte, starben doch zum Beispiel in der Zeit der englischen Herrschaft über Paris täglich etwa drei Dutzend Menschen den Galgentod. Das ganze Land ringsum war mit ihren Gebeinen durchsetzt und verrufen, und wenn der Wind von Nordwesten wehte, trug er den entsetzlichen Gestank der zerfallenden Leichen über die Stadt Paris hin bis zum Königsschloß an der Seine.

Wie in deutschen Städten mied das Volk die Nähe des Galgenbergs, und als das große Hôpital Saint-Louis gebaut wurde, verlegte man das Hochgericht ein Stück stadtauswärts, nach Norden (heute Rue de Meaux Nr. 46). Nur der Armesünderfriedhof und die Abdeckerei, die bis herauf ins neunzehnte Jahrhundert bestand, blieben an dem verrufenen Ort.

Im hohen Mittelalter war man noch nicht so empfindlich. Magister François Villon und seine trinkfesten Kumpane liebten es, in der *Auberge du Tonneau d'Or* zu sitzen und durch die Fenster der Schenke zu beobachten, wie sich dieser oder jener, den man gut gekannt hatte, bei der hänfenen Hochzeit anstellte. Erst als Villon selbst nahe daran war, einen der Balken von Montfaulcon zu schmükken, da wurde ihm etwas ängstlich zumute, und er schrieb aus solcher Nähe und Vertrautheit das erschütterndste Stück Galgenpoesie, das die Literaturgeschichte kennt:

> Der Regen wusch uns ab und wusch uns rein,
> Die Sonne hat uns mählich schwarz gedörrt;
> Die Krähen hackten uns die Augen ein
> Und haben Bart und Brauen ausgezerrt:

Zu keiner Zeit sind wir hier ungestört
Und schaukeln in dem Wind voll Übermut,
Zerhackt, zerlöchert von der Vogelbrut,
Und dürfen niemals, niemals stille sein. –
Ihr Brüder, seid denn vor uns auf der Hut,
Doch bittet Gott, er möge uns verzeihn!

Abb. 16 Drei Gehenkte. Holzschnitt aus einer Villon-Ausgabe aus dem Jahre 1489. Der Verfasser des »Großen Testaments« war selbst mindestens einmal in Gefahr, am Galgen zu sterben.

In neueren Zeiten nahm die Zahl der Hinrichtungen schon dadurch ab, daß nun auf viele Delikte, die im Mittelalter noch das Hängen nach sich gezogen hatten, nur noch Freiheitsstrafen standen. Aber gehängt wurde weiter, nicht mehr in jenem großzügig-grausamen Stil, der die Galgenberge in Stätten beinahe mythischen Schreckens und Zentren abergläubischer Furcht verwandelte, aber doch mit erstaunlicher Konsequenz. Denn die Strafe selbst, darüber läßt sich kaum streiten, ist in ihrer Grundtendenz, in der verächtlichen Bloß-stellung des Hinzurichtenden, hinter der gesellschaftlichen und gei-stigen Entwicklung Europas seit dem achtzehnten Jahrhundert weit zurückgeblieben. Als Strafe von Wanderstämmen, als Selbsthilfe kleiner Orte (wie noch in der modernen Lynchjustiz) mochte sie hin-gehen. Aber es zählt zu den verwunderlichsten Tatsachen im mo-dernen Strafvollzug, daß in einer Reihe von Kulturstaaten noch im-mer das Hängen die offizielle Todesstrafe ist, ja daß man diese Art der Exekution, nachdem sie schon abgeschafft war, wieder einführ-te, wie es zum Beispiel die Justiz unter Hitler mit sich brachte.

Zwar gab es nun keine Galgenberge mehr, auf denen der Leib des Gehängten im Winde baumelte, und auch die Hochgerichte, in de-ren Ketten die Leichen zerfielen, verschwanden spätestens infolge der Französischen Revolution. Kempten versteigerte im Januar 1814 gleich vier »Galgen und Rabensteine gegen bare Bezahlung auf Ab-bruch«, und die Gefängnishöfe wurden zu den Schauplätzen der Hinrichtungen, bei denen sich das Publikum auf eine kleine Schar berufsmäßiger Zeugen reduzierte. Der Vorgang des Hängens selbst blieb jedoch weiterhin archaisch-undurchsichtig, und es steht bis heu-te nicht fest, ob jener immer wieder angeführte gnädige Genick-bruch, der das Leiden des Delinquenten abkürzen soll, tatsächlich re-gelmäßig oder nur häufig oder gar nur bei einem Teil der Fälle ein-tritt.

Aus den Erinnerungen des letzten Wiener Scharfrichters, des viel-

besprochenen Meisters Lang, ist bekannt, daß er grundsätzlich strangulierte; das heißt: die Schlinge brach dem Delinquenten nicht den
Hals, sondern schnitt ihm lediglich die Luftzufuhr ab, und es trat
der minutenlange, qualvolle Erstickungstod ein. Bei anderen Hinrichtungen wurden die Halswirbel nicht gebrochen, sondern nur ge-
waltsam gegeneinander verschoben. Es kam – wie auch oft beim
Genickbruch durch Unfall – nicht zu jener Durchtrennung der Ner-
ven- und Blutbahnen, die allein den schnellen Tod in der Schlinge
herbeiführt. Und nur von verhältnismäßig wenigen Scharfrichtern
geht die Sage, daß sie ihr Handwerk so meisterhaft beherrschten,
daß der Genickbruch tatsächlich sogleich eintrat.

Eine Strafe wird noch nicht zur Zufallsstrafe, weil es dem Zufall
überlassen bleibt, ob der Hinzurichtende durch Genickbruch oder
durch Strangulation aus dem Leben scheidet. Aber in der langen,
langen Zeit, in der diese unerfreuliche Prozedur schon angewendet
wird, kam es natürlich doch ein paar Dutzend Male vor, daß ein Gehängter ohnmächtig abgenommen wurde und wieder zum Leben er-
wachte, daß der Strick riß und der Henker sich weigerte, die Hinrichtung noch einmal zu vollziehen, daß die Falltür sich nicht öffnete und die Menge daraufhin Gnade für den Menschen forderte, der
die Todesängste ohnedies schon ausgestanden hatte und nun nicht
auch noch den Tod erleiden sollte. In der köstlichen Western-Mo-
ritat von Cat Ballou, angeblich nach wahren Vorkommnissen ge-
dreht, wartet unter der Falltür sogar schon der rettende Kutschwa-
gen, während ein anderer Retter, oben auf dem Galgen kauernd,
just im richtigen Augenblick den Strick durchschneidet. Verbürgt sind
von all diesen Rettungen und Rettungsversuchen jedoch nur sehr
wenige Fälle, und einen der seltsamsten unter ihnen berichtet uns
die Vossische Zeitung in ihrer Nr. 32 vom Jahr 1768.

»Zu Armagh in Irland wurde im vorigen Dezember ein Pferdedieb im Beyseyn des Sheriffs gehenkt. Als er ohngefähr eine halbe Stunde gehangen hatte, bemerkte der Sheriff, daß er den Kopf bewegte, als wenn er nicht bequem genug hinge. Er ließ ihm darauf Rock und Weste ausziehen, und ob sich gleich, nachdem solches geschehen, nichts zeigte, das seinen Argwohn bestärken konnte, so befahl er doch, ihm auch das Hemde auszuziehn, welches der Nachrichter, weil es unanständig und die Zeit, die der Delinquent hängen müßte, bald vorbey wäre, zu thun sich weigerte. Allein der Sheriff bestand darauf, und als es geschehen, zeigte es sich, daß der Gehängte ein eisernes Halsband um den Hals hatte, woran zwei Riemen waren, die ihm unter die Arme gingen und an vier andern Riemen befestigt waren, die um den Leib angebracht waren, woran wieder zwei andere festsaßen, die bis auf die Füße gingen und an eisernen Platten unter den Fußsohlen angemacht waren, von welchen wieder ein paar Riemen um den Leib gingen. Der Sheriff ließ sofort alle diese Riemen zerschneiden und blieb vier Stunden auf dem Gerichtsplatz, ließ auch den nunmehr wirklich erwürgten Gehängten die ganze Nacht durch bewachen, ihn den andern Morgen abschneiden und sogleich begraben. Diese Erzählung ist um so glaubwürdiger, da sie von einem Augenzeugen herkommt.«

Hier war ein ingeniöser Delinquent auf einen erbitterten Anhänger der Todesstrafe gestoßen, der obendrein zu wenig Humor hatte, um eine so mühsam zustandegebrachte Schutzvorrichtung entsprechend zu würdigen. Lang, der es wissen muß, plaudert in seiner Abneigung gegen die unsichere Genickbruch-Methode eine Menge Fälle aus, in denen es Pannen gab: Die Schlinge, die das Genick brechen sollte, bewirkte nicht nur das nicht, sondern strangulierte dann auch noch unzureichend. Hentig verzeichnet Fälle, in denen der Delinquent erst nach einer halben Stunde tot war. Aber selbst das ist noch immer ein gnädiger Tod gegen die Grausamkeit jenes Grafen Wilhelm von Wallerstein aus Nördlingen, der am 6. 12. 1584 einen Juden namens Abraham Haas an den Füßen aufhängen ließ, zwei ebenso gehängte hungrige Hunde zur Seite: Haas starb erst nach achtundvierzig Stunden...

Gehören auch solche Grausamkeiten – von seltenen Fällen der Lynchjustiz abgesehen – inzwischen glücklicherweise der Vergangenheit an, so ist das Hängen von allen Todesstrafen des modernen Strafvollzugs doch am härtesten bekämpft und am heißesten umstritten. Niemand vermag heute den Widerspruch zu übersehen, der zwischen der Behandlung eines Mörders bis zu seinem Tod und diesem Tod selbst besteht. In langsamem Übergang zu menschlicheren Methoden hat die Strafjustiz eine wirksame Verteidigung, Einspruchs- und Berufungsmöglichkeiten, moderne Haftanstalten, körperliche und seelische Betreuung der Häftlinge, Zuchthausbibliotheken und dergleichen mehr geschaffen. Zwischen dem Delinquenten und dem Henker aber ist alles so geblieben wie vor Jahrhunderten, ja Jahrtausenden, denn ob die Schlinge an einem Galgen oder an einem Baumast hängt, ob der Hinzurichtende von einer Leiter gestoßen wird oder sich eine Falltür unter ihm öffnet, das sind ›Fortschritte‹, die allzu deutlich beweisen, daß man auf diesem Gebiet gar keinen echten Fortschritt erzielen, sondern allenfalls die Fassade renovieren wollte.

Der Pfahl

Kreuz, Galgen und Pfahl präsentieren sich im altertümlichen Strafvollzug in enger Verwandtschaft, ja geradezu geschwisterlich; von manchen lateinischen Textstellen ist bis heute nicht klar, ob mit dem Wort *crux* das Kreuz oder der Pfahl gemeint ist, und ebenso schwebt über altorientalischen Berichten von Massenhinrichtungen die Ungewißheit, ob ihre Opfer gehängt, gepfählt oder ans Kreuz gebunden wurden.

Gemeinsam ist den drei Hinrichtungsarten die beschämende Öffentlichkeit des Sterbens, von der wir zumindest beim Pfählen annehmen müssen, daß nicht nur der Delinquent gedemütigt werden sollte, sondern daß auch seine Peiniger das Vergnügen begehrten, seiner Todesqual aus nächster Nähe beiwohnen zu können. Denn der Gepfählte hing nicht hoch am Galgen oder am Kreuz, sondern verharrte beinahe Aug in Aug mit dem Straßenvolk in oft stundenlanger Qual, bis der Tod ihn erlöste.

In den wenigen Abhandlungen über die Pfählung werden zwei grundverschiedene Formen dieser Strafe stets gleichberechtigt behandelt und unterschiedslos Pfählung genannt. Die eine, vorwiegend im Orient verbreitete und wohl auch aus dem Osten stammende Form, bei der das Opfer richtiggehend aufgespießt und auf diese Weise getötet wird, und die andere, abendländische Form, bei der ein Pfahl in den Leichnam oder in den Leib eines lebendig Begrabenen zu treiben ist. Wir glauben, daß man nur im ersten Fall mit Recht von einer Hinrichtungsart sprechen kann; der nach dem Tod oder nach dem Begraben ins Herz getriebene Pfahl ist wohl eher eine jener Gnaden, wie sie zur Abkürzung der Todesqual insbesondere Frauen oft erwiesen wurden oder, wenn die Frau schon tot war, ein Stück abergläubischen Totenkults, um ihre Wiederkehr als Vampir zu verhindern.

Bei allen bildlichen Zeugnissen, die Karl von Amira aus dem europäischen Raum gesammelt hat, handelt es sich darum, daß einem Mann oder einer Frau ein Pfahl in den Leib getrieben wird, meist im Zusammenhang mit dem Lebendigbegraben. Der Pfahl wird am Leib oder auf der Brust aufgesetzt und vom Scharfrichter mit einem Schlegel tief in den Leib der Unglücklichen getrieben. Mancherorts durften die betrogene Frau oder der betrogene Mann die ersten drei Schläge tun, wenn es sich um eine Hinrichtung wegen Ehebruchs handelte. Der Pfahl konnte bei dieser Strafe durch ein Stück Eisen, einen großen Nagel oder andere ähnliche Gegenstände ersetzt werden, der Gepfählte liegt an der Erde, das Merkmal des Aufrichtens und der Zurschaustellung fehlt in allen Fällen.

Das Pfählen im engeren Sinne, die orientalische Pfählung, ist eine ganz andere Strafe, ja sie ist von dem Vorgang, wie er uns aus dem mittelalterlichen deutschen Rechtsvollzug bekannt ist, so verschieden, daß man am liebsten eine ganz andere Bezeichnung wählen möchte, die nun aber leider nicht zur Verfügung steht.

Hammurapi führt das Pfählen im 153. Artikel seines berühmten Gesetzbuches an, womit die Strafe für das achtzehnte vorchristliche Jahrhundert belegt ist, und zwar gleich in charakteristischer Form und in der sie bezeichnenden Verbindung mit dem Ehebruchsdelikt, die sich durch Jahrtausende erhalten sollte:

»Wenn die Frau eines Mannes um eines anderen Mannes willen ihren Mann hat umbringen lassen, so tut man diese Frau auf den Pfahl.«

Das ist eine Wendung, wie man sie vom deutschen Pfählen nie gebrauchen könnte, und es gibt sogar Übersetzungen des Hammurapi-Textes, in denen ›steckt‹ man sie auf den Pfahl‹ zu lesen ist. Dieses Auf-den-Pfahl-Stecken ist die unter dem Wort Pfählung zu verstehende Todesstrafe, und sie begleitet das politisch-historische Geschehen im Orient bis herauf zu den Türkenkriegen auf dem Balkan als die Strafe für Verräter, Sittlichkeitsverbrecher, ungetreue Frauen und alle jene, an denen sich ein Machthaber auf besondere Weise rächen will. Sie tritt darum gelegentlich auch in Gemeinschaft mit dem Schinden (Hautabziehen) auf, das allerdings bei allen Heeren alter Zeit geübt wurde, wenn Verräter, Spione oder Attentäter gerichtet werden sollten.

Das Pfählen entsprach offenbar der Vorliebe mancher orientalischer Despoten für sinistren Pomp und grausige Schaustellungen ihrer absoluten Macht. Assur-Nasir-Pal II. (883–859) und Assurbanipal (668–626) waren solche großen Pfähler, die in eroberten Städten am liebsten zwischen Reihen aufgespießter Gefangener einzogen, und Kambyses II., der auf seinem unglücklichen ägyptischen Feldzug Tausende seiner eigenen Soldaten in der Wüste verschmachten sah, rächte sich an den Ägyptern durch Massenhinrichtungen von raffinierter Grausamkeit, durch die das Pfählen in Ägypten eingeführt wurde. Die Ptolemäer übernahmen die grausame, den Pharaonen fremde Todesstrafe; selbst unter der hochgebildeten Kleopatra, der Freundin eines Cäsar, wurde die Pfählung als Todesstrafe oft angewendet und vor allem bei verräterischen Politikern, bei Bereicherung im Amt und ähnlichen Delikten häufig verhängt.

Wann diese eher Tortur als Hinrichtung zu nennende Strafe ihren Weg nach Europa fand, ist wegen der erwähnten Unsicherheit in der Interpretation des Wortes *crux* nicht mit Sicherheit zu sagen. Brachten schon die Karthager die Pfählung nach Italien? Kannten sie schon die Etrusker, wie man aus einigen nicht völlig eindeutigen bildlichen Darstellungen schließen zu müssen glaubte?

Sicher belegt ist erst die Pfählung der Romild von Cividale in der Schilderung des langobardischen Historikers Paulus Diakonus (geboren um 720):

»Die Avaren durchstreiften das ganze Gebiet von Friaul, verwüsteten alles sengend und plündernd und schlossen dann Friaul (*d. h.*
Cividale del Friuli) ein, das sie sich mit allen Kräften zu erobern
anschickten. Während ihr König, den sie Kakan nannten, mit einer
großen Reiterschar die Mauern der Stadt umritt, um zu sehen, wo
man am leichtesten eindringen könne, erblickte ihn Romild, die eben
von der Stadtmauer herabschaute. Da sie ihn in voller Jugendkraft
blühen sah, entbrannte die Nichtswürdige in geiler Lust zu ihm und
ließ ihm durch einen Boten sagen, wenn er sie heiraten wolle, werde
sie ihm die Stadt mit allen, die sich in ihr befänden, überliefern. Als
dies der Barbarenkönig vernahm, versprach er voll Tücke, sie zu
ehelichen. Ohne Zögern öffnete sie nun die Tore der Burg und ließ
zum Verderben aller und auch zu ihrem eigenen den Feind ein...

Die Avaren brachten nun alle volljährigen Langobarden (*aus
Cividale*) mit dem Schwerte um das Leben, während sie die Weiber
und Kinder zu Sklaven machten. Die Romild aber, die Urheberin
des ganzen Unglücks, nahm der Avarenkönig seinem Eide gemäß
eine Nacht zur Ehe. Danach aber übergab er sie für eine weitere
Nacht zwölf Avaren, die sie, einander ablösend, mit der Befriedigung ihrer Lüste quälten. Am dritten Tage endlich ließ der Kakan
auf freiem Felde einen Pfahl einrammen und sie daran aufspießen.
Dabei sprach er höhnend: ›Das ist der Mann, dessen du wert bist‹
(*Talem te dignum est maritum habere*).«

Das Ereignis, das man um das Jahr 611 ansetzen darf, wurde
wiederholt kommentiert und ist gerade in diesen bezeichnenden Einzelheiten sicherlich historisch. Paulus Diakonus stammte selbst aus
einem Geschlecht Friauls und verwertete zweifellos die verhältnismäßig frische lokale Tradition, in der sich Vorgänge von so anekdotischer Prägnanz fast stets unverändert erhalten.

Die Worte des Avarenherrschers lassen wenig Zweifel daran, daß
es sich nicht um eine Pfählung durch den Mastdarm gehandelt hat,

wie sonst in den meisten Fällen, sondern *per vaginam* – eine Strafe an jenem Körperteil, mit dem die ausschweifende Fürstin zum Schaden ihrer Stadt gesündigt hatte. Der Pfählung von Ehebrecherinnen und der rektalen Pfählung Homosexueller liegt zweifellos der gleiche Gedanke zugrunde. Er ist auch in jener Abart der Pfählung erkennbar, bei der eine meist unschädliche, wenn auch schmerzhafte Einführung einer dicken Rübe in den After die Pfählung ersetzt (*Raphanidosis*).

So bezeichnend und kulturhistorisch bedeutsam das Zeugnis des Paulus Diakonus auch ist, es blieb doch ziemlich vereinzelt. Die mittelalterlichen Invasionen aus dem Orient sahen stets Reitervölker im Angriff: Hunnen, Avaren, Tataren. Diese Kriegerscharen aber nahmen sich nur höchst selten die Zeit, um der bloßen Freude an Grausamkeiten willen die umständliche Prozedur einer Pfählung an ihren Gefangenen vorzunehmen.

Ernsthafte Bekanntschaft mit dieser Todesstrafe machte Europa daher erst, als sich die großen Heere der Türken über den Balkan gegen Mitteleuropa wälzten. In der langsamen Kriegführung der Türken, in der Langeweile während der Belagerungen, die oft viele Monate dauerten, ergötzten sich die durch ihren Harem verwöhnten und im Feldlager ohnedies darbenden Paschas durch die Veranstaltung ausgesuchtester Torturen. Wehe, wenn ihnen ein Überläufer wieder in die Hände fiel, wenn sie einen Spion fingen oder wenn sie jemanden für einen Verräter hielten.

Eine der wertvollsten Quellen für die Zustände hinter den türkischen Linien ist das *Türkisch Tagebuch von 1573–78* des Stephan

Abb. 17 Pfählung eines Missetäters zu Wien im Jahre 1504. Im Gefolge der Türkenkriege gelangte auch die orientalische Art des Pfählens nach Europa. Der Verurteilte war ein Bäckergeselle, der mehrerer Morde überführt wurde. Holzschnitt eines zeitgenössischen Flugblattes.

Ein Spruch von

einem Peckenknecht / der
fünff vnschuldiger Menschen
grausamklich ermördet /
Zů Wien in Osterreich.

Gerlach, das sein Enkel, der Prediger Samuel Gerlach aus Göppingen, für den Druck einrichtete. Darin lesen wir u. a.:

»Die Christen haben die Spieße von Holtz, mit Unschlitt oder Talk beschmieret, aus dem Schloß bis zum adrianopolischen Thor tragen müssen; auch wo der Hencker unterwegs einen Christen angetroffen, hat er die anderen erlediget und die Spieße diesem auferlegt. Wie sie zum Thor hinauskommen, hat er etliche Christen gefangen, deren etliche eine Gruben (die Übelthäter hernach darein zu begraben) graben, andere sie spießen und sonsten dazu helfen müssen, oder wurden übel geschlagen...

Man bindet solchen Übeltätern Sailer an die Füße, stößt ihm den Spieß zu dem hinteren Leib s. v. hinein, und die Christen müssen an den Sailern ziehen, bis der Spieß dem armen Sünder wieder oben ausgehet.«

Es war eine typische Haß-Strafe, wie sie alle Völker kennen, wenn es um Andersgläubige, um politische Gegner oder um Verräter geht. Im Morlackenaufstand an der dalmatischen Küste ließen es die Türken nicht bei der Pfählung bewenden, sondern zogen dem Priester Sorich, der eine Gruppe der Rebellen befehligt hatte, vorher noch die Haut ab. Nicht minder grausam als Dervis Bassa in Dalmatien hausten die türkischen Feldherren auf Kreta, wenn es galt, einen der häufigen Aufstände der griechischen Einwohner niederzuschlagen.

Das größte Aufsehen in Europa aber erregte im Jahre 1633 die Pfählung eines Dolmetschers der französischen Gesandtschaft beim Sultan, über die ein zeitgenössischer Bericht sagt:

»Ehe Amurath (*Murad IV.*) nach Skutari verreiste, ordnete er noch eine grausame Exekution an, nämlich den vornehmsten französischen Dolmetscher nahmens Balthasar, so ein gebohrener Armenianer war, zu spießen, und wollte der Sultan weder Entschuldigung noch Defension (*Verteidigung*) von diesem Unglückseligen an-

nehmen, sondern denselben im Vorbey-Ziehen exequirt sehen, un-
geachtet seine Ministri dem französischen Gesandten Monsieur Mar-
queville ein anderes versprochen hatten. Welches alles nur der Bassa zur See aus Haß gegen Balthasar angerichtet, indem er dem Sultan beigebracht, daß derselbe (*d. h. Balthasar*) die christlichen Gesandten in ihren Prätensionen stärke...«

Der tiefere Grund war natürlich nicht die Parteilichkeit des Dolmetschers gewesen, sondern eine Weibergeschichte. Der elegante und
gebildete Dragoman hatte bei einer hübschen jungen Frau mehr
Glück gehabt als der ältliche und beleibte Marineminister des Sul-
tans, und solche Rivalitäten mit hohen Herren waren zu allen Zeiten gefährlich, im Reich eines absoluten Herrschers sogar lebensge-
fährlich. Der Bassa weidete sich nicht nur an den Fußfällen und Bet-
teleien Balthasars, sondern tags darauf an dem aufgespießten Leib
des Nebenbuhlers, der nach Stunden der Qual an der staubigen
Landstraße nach Skutari sein Leben aushauchte.

Die französische Diplomatie zog aus dem aufsehenerregenden
Vorfall immerhin die Lehre, »daß erstens die Gesandten selbst türkisch können sollten, und zweitens, daß man Dolmetscher haben sollte, die von der Türkei nicht abhingen, sondern die der Gesandte
selbst mitbrächte«.

Wie es im einzelnen bei der Pfählung zuging, hat ein französischer
Arzt namens Etienne Rollet beobachtet und geschildert; vor ihm
aber brachten schon Melchisédec Thévenot (1620–92) in seinem
Recueil des Voyages und andere Reisende ähnliche Berichte nach
Frankreich, das im siebzehnten und achtzehnten Jahrhundert ja die
engsten Beziehungen zur Hohen Pforte unterhielt und an den Zu-
ständen im orientalischen Bereich besonderen Anteil nahm.

»Der Delinquent«, schreibt Rollet, »kniet mit in den Staub hin-
abgedrücktem Haupte, die angezogenen Oberschenkel gekreuzt;

auf den Rücken wird ihm ein Packsattel geschnallt, und ein Gehilfe des Scharfrichters nimmt auf diesem Platz, um zu verhindern, daß der Verurteilte sich bewege. Nachdem die ›Bahn‹ hinreichend eingefettet ist, wird der Pfahl durch den Mastdarm fünfzig bis sechzig Zentimeter tief eingeführt. Das weitere Vordringen geschieht durch die Körperschwere. Da man wußte, daß ein spitzer Pfahl lebenswichtige Organe verletzen könnte, wählte man etwas abgestumpfte Pfähle, die Magen, Leber, Milz und so weiter beiseiteschoben...«

Wie man sieht, entwickelten die Türken ein beträchtliches Raffinement, um die Leiden dieser Unglücklichen zu verlängern. Damit sie sich nicht auf den Pfahl stützen oder an ihn halten konnten, waren ihnen die Hände auf den Rücken gebunden, und durch ihr eigenes Körpergewicht bohrten sie sich das Holz immer tiefer in den Leib. Ein Detail, das sich auch der Spezialforscher und Arzt Sigmund Stiassny nicht zu erklären vermochte, war das häufig beobachtete Hinscheiden der Verurteilten, kurz nachdem sie Wasser zu trinken bekommen hatten. Wollte man ihre Leiden abkürzen, so brauchte man ihnen nur einen Trunk zu reichen.

Am Hof Ludwigs XIV. wurde die bei den türkischen Verbündeten so häufige Strafe viel besprochen, und ›Monsieur‹, der homoerotisch veranlagte Bruder des Königs, prägte das skandalöse Bonmot, die Pfählung sei jene Todesstrafe, die am angenehmsten beginne, aber am scheußlichsten ende.

Niemand unter den witzelnden Höflingen mochte ahnen, daß noch an der Schwelle des neunzehnten Jahrhunderts eine Pfählung nach allen Regeln der Kunst vollzogen werden würde, und zwar als Sühne für die Ermordung eines französischen Generals.

1798 war der Straßburger Maurerssohn Jean Baptiste Kléber mit Napoleon nach Ägypten gekommen, hatte nach Napoleons Rückkehr an die Seine den Oberbefehl übernommen und gegen vierfache türkische Übermacht den glanzvollen Sieg von Heliopolis errungen.

Damit war Kléber, wie zuvor Napoleon, praktisch Herr über Ägypten, aber ein religiöser Schwärmer aus Jerusalem, der vierundzwanzigjährige Soleyman-el-Halebi, tötete ihn am 14. Juni 1800, als Bettler verkleidet, durch einen Dolchstich.

Die Erbitterung innerhalb des ganzen französischen Expeditionskorps war ungeheuer. Die Soldaten kannten den sieggewohnten Kléber als den vielleicht fähigsten französischen General nach Bonaparte und waren nur mit Mühe daran zu hindern, ganz Kairo in Brand zu stecken. Aus dieser Stimmung erklärt sich, daß Soleyman nicht auf französische Art, durch Erschießen, Enthauptung oder durch Hängen, hingerichtet wurde, sondern nach Landessitte auf dem Pfahl starb.

»Kléber wurde unter ungeheurem Pomp zu Grabe getragen«, berichtet Ader in seiner *Histoire de l'Expédition d'Egypte et de Syrie,* »und noch am selben Tage fanden die Exekutionen statt. Vor den Augen Soleymans wurden die drei Ulemas (*mitverschworene Priester)* geköpft. Die Bewegung in der großen Menge der Zuschauer teilte sich dem Attentäter nicht mit; er betrachtete mit verächtlicher Gleichgültigkeit das spitze Holz, das zu seinem Todeswerkzeug werden sollte.

Man begann, indem man seine Hand in eine Glutpfanne legte. Das Feuer verzehrte sein Fleisch, ohne ihm einen Schmerzensschrei zu entlocken, und mit der gleichen Festigkeit ertrug er die unsäglichen Schmerzen der zweiten Strafe. Seine Gesichtszüge verzogen sich kaum, und als er dann mit dem Pfahl aufgerichtet wurde, ließ er seinen Blick über die Menge schweifen und rief mit weithin schallender Stimme das Glaubensbekenntnis der Mohammedaner.

Soleyman blieb durch fast vier Stunden am Pfahl am Leben. Mehrmals verlangte er zu trinken, aber die Henker versagten es ihm und behaupteten, wenn er tränke, würde sein Herz sogleich zu schlagen aufhören. Als die Wachen des ägyptischen Scharfrichters sich zurückgezogen hatten, reichte ein französischer Posten dem Leidenden mit Hilfe des Gewehrs einen Becher mit Wasser. Kaum hatte Soleyman ihn leergetrunken, so gab er seinen Geist auf.«

Da die Pfählung besonders häufig gegen Christen und entlaufene Sklaven angewendet wurde, ist nicht anzunehmen, daß die Hinrichtung Soleymans in Kairo die letzte dieser Art gewesen ist. Die Grausamkeit dieses Strafvollzugs hatte vor allem für jene Länder, in denen es noch Sklaven gab und Sklavenmärkte abgehalten wurden, den Vorteil der abschreckenden Wirkung. Die sogenannten Barbareskenstädte, die alten Seeräuberhochburgen des nördlichen Afrika, mögen Pfählungen bis an die Schwelle des Kolonialzeitalters gesehen haben.

Obwohl der Spieltrieb der Neger bei Tötungen die grausigsten Blüten treibt – man hat es noch bei den Kongowirren unseres Jahrhunderts miterlebt –, ist die Pfählung in der geschilderten Art zweifellos aus dem mohammedanischen Bereich nach Afrika verpflanzt worden und keine der landesüblichen Todesstrafen gewesen. Um so bemerkenswerter ist aber, daß bei einer Reihe von Negerstämmen die toten Zauberer mit einem Pfahl durchbohrt oder, nach mittelalterlich-europäischer Sitte, lebendig begraben und durch einen ins Herz gerammten Pflock getötet wurden.

Der Grundgedanke dieses Brauches mag der Wunsch gewesen sein, jemanden in der Erde festzunageln, der sich sonst aus ihr wieder erheben würde. Es handelt sich also um eine Abwehr der Lebendigen gegen die besonderen, übernatürlichen Kräfte bestimmter Menschen, da man annahm, daß diese Zauberkraft ihnen auch über die Schwelle des Todes hinweg treubleiben würde.

Die mittelalterliche deutsche Pfählung der lebendig begrabenen Kindsmörderinnen wird im allgemeinen als eine Erleichterung ihres Loses, als eine Verkürzung der Qual gedeutet. Hingegen war es zweifellos eine Strafverschärfung, wenn man solch einer Frau ein Rohr in den Mund steckte, durch das sie noch eine Weile atmen konnte. Es ist aber auch aus vielen Fällen bekannt, daß es bei dem Pfahl durchs Herz selbst dann blieb, wenn die Kindsmörderin enthauptet worden war, so daß sich ein Zusammenhang mit dem Vampirglauben ergibt. Brachte eine Mutter ihr Kind um, so war sie nach dem Volksglauben zur Friedlosigkeit verdammt; sie flog dann als blutgieriger Vampir durch die Nächte, um anderen, noch lebenden Kindern das Blut auszusaugen, weil sie das eigene Kind nicht hatte behalten wollen. Viele Frauen fallen nach dem Verlust eines Kindes in geistige Verwirrung, und die derartigen Störungen des Seelenlebens noch hilflos gegenüberstehenden mittelalterlichen Dorfgemeinschaften erklärten sich solche Zustände als Ruhelosigkeit, die in noch höherem Maße natürlich eine Frau heimsuchen mußte, die ihr Kind nicht durch Krankheit, sondern durch Mord verloren hatte.

Der Vampirglaube ist über das Mittelmeer und den Balkan nach Mitteleuropa eingewandert und nistet hier hartnäckig bis in die Gegenwart. Noch im neunzehnten Jahrhundert wurden Gräber geöffnet, in denen angebliche Vampirleichen lagen, und das Landvolk vieler slawischer und ungarischer Gebiete Europas dürfte bis heute von Vampirfurcht nicht frei sein: Die Totenblässe gilt der einfachen Überlegung als sicherer Beweis für den Blutdurst, und der Mond weckt die blutlosen Toten zu einem kurzen Scheinleben, in dem sie ihren Durst zu stillen trachten.

»Die Vampire«, sagt Rudolf Kleinpaul in seiner Untersuchung *Die Lebendigen und die Toten in Volksglauben, Religion und Sage*, »sind Lustmörder, die aus der Unterwelt aufsteigen. Lord Ruthwen, Marschners Vampir (*aus der gleichnamigen Oper vom Jahre 1828*), der den jungen Mädchen das Genick durchbeißt, um sich beim Höllenfürsten eine Lebensfristung zu erwirken, und in vierundzwanzig Stunden drei Bräute in seine Umarmung lockt, unterscheidet sich nur darin von jenen modernen Wollüstlingen, die ihre Befriedigung in der Tötung und Verstümmelung eines weiblichen Wesens finden, daß er von den Mondstrahlen zu neuem Leben erweckt wird, sooft er gestorben ist ... Wenn sich der Vampir über einen Menschen hermacht ... so tut er das, um mit dem Blute zugleich die Freuden·der Liebe zu genießen; die Wollust ist ein Motiv, das nur bei ihm vorausgesetzt wird, den Werwölfen gänzlich abgeht.«

In diesem Glauben lagen die Hauptwiderstände gegen die Umwandlung der grausamen Pfählungsstrafen in die Enthauptung der Kindsmörderinnen, wie sie im sechzehnten Jahrhundert zuerst in Nürnberg und nach und nach auch in anderen Städten eingeführt wurde. Noch die *Carolina,* die berühmte Peinliche Gerichtsordnung Karls V., hatte auf Kindsmord die Strafe des Lebendigbegrabens und der Pfählung gesetzt, nur »wo die Bequemlichkeit des Wassers dazu vorhanden« sei, könne auch ertränkt werden. Meister Franntz Schmidt, der kluge und mutige Nürnberger Scharfrichter, setzte es jedoch um 1580 durch, daß er die Kindsmörderinnen und andere weibliche Übeltäterinnen (die nicht gehängt werden durften) nicht mehr in die Pegnitz zu stoßen brauchte, sondern enthaupten durfte. Damit ließ er sich zwar auf ein nicht unbeträchtliches Risiko ein, denn der Rat hatte ihn mit einigem Recht gewarnt, »daß die Weibspersonen aus Plödigkeit zur Erde sinken und den Nachrichter verkürzen würden, der sie alsdann auf der Erde zermetzeln müsse«; aber der Nürnberger Brauch setzte sich durch, und die Vollstreckungen in der alten Form des Lebendigbegrabens und Pfählens oder des Ertränkens wurden zumindest seltener.

Der Vampirglaube oder, modern ausgedrückt, die Vermutung eines unnatürlichen, sexuell relevanten Blutdurstes als Ursache vieler Morde ist freilich mit der alten Pfählung nicht verschwunden. Das

Wort vom Blutrausch kommt nicht nur in vielen Presseberichten immer wieder vor, man gewinnt auch den Eindruck, daß es bei der Ausrottung ganzer Familien oder beim Amoklauf gar nicht anders zugegangen sein könne. Die einwandfreien Zeugnisse darüber sind selten, weil es sich naturgemäß in vielen Fällen um Schutzbehauptungen handelt. Der Verbrecher gibt vor, sich an Einzelheiten nicht erinnern zu können, in einem Rauschzustand gehandelt zu haben, und versucht damit den Eindruck seiner oft bestialischen Handlungsweise auf die Geschworenen abzuschwächen. Um so nachdenklicher aber muß uns die Konfession des Mörders John Haig stimmen, der am 10. August 1949 im Gefängnis von Wandsworth gehängt wurde und wenig Veranlassung hatte, der Nachwelt ein Märchen aufzutischen:

»Morgen werde ich gehängt. Zum ersten- und zum letztenmal werde ich durch jene der beiden Zellentüren schreiten, die ich noch nie geöffnet gesehen habe. Die eine dient meinen Wärtern dazu, mich zu besuchen, die andere ist immer verschlossen, und ich weiß, daß man durch sie den Mann hinauszerrt, der hingerichtet werden soll. Sie ist für mich also tatsächlich die Schwelle zum Jenseits.

Ich werde ohne Angst und ohne Reue durch diese Tür gehen. Die Menschen haben mich verurteilt, weil ich sie erschreckte. Ich bedrohte ihre lächerliche Gesellschaft und deren Ordnung. Aber *ich schwebe über ihnen allen*, ich habe Teil an einem höheren Leben, und alles, was ich getan habe, was man Verbrechen nennt, beging ich *unter dem Antrieb einer übernatürlichen Kraft* ...

Der erste Mensch, den ich tötete, war William Donald McSwan. Ich sollte später noch seinen Vater und seine Mutter töten... An einem Herbstabend des Jahres 1944 traf ich McSwan in einem Café in Kensington. Er langweilte sich. Er hatte Angst, einberufen zu werden, und vertraute mir seine Absicht an, sich zu verbergen, um dem Wehrdienst zu entgehen. Seither sah ich ihn öfter, ja er brachte mich sogar zu seinen Eltern. Eines Nachts lud ich ihn ein, mich in meiner Wohnung zu besuchen. Sie lag neben meiner Werkstatt im Souterrain, Gloucester Road Nummer 79. Der junge McSwan ging mit. Ich ließ ihn eintreten...

Was dann geschah, vermag ich nicht zu erklären, ohne meine Träume zu erzählen, Träume, die mich seit meiner Kindheit heimsuchen... Der erste, an den ich mich genau erinnere, datiert aus der Zeit, in der ich dem Chor der Kathedrale von Wakefield angehörte. Wenn ich mich abends niederlegte, sah ich, sobald ich die Augen geschlossen hatte, den gemarterten Christus am Kreuz. Ich betrachtete oft das große Kruzifix in der Kirche; lag ich dann aber in meinem Bett, so sah ich den Kopf mit der Dornenkrone und das Blut, das aus den Wunden rann. Das Entsetzen schüttelte mich.

In einem anderen Traum konstruierte ich eine ungeheure Teleskopleiter, mit der ich bis zum Mond hinaufsteigen konnte. *Von dort aus blickte ich zurück zur Erde, die klein zu meinen Füßen lag...*

Als ich etwa zehn Jahre alt war, verletzte ich mich mit einer jener Haarbürsten, die Metallborsten haben, an der Hand. Ich leckte das Blut vom Finger, und in diesem Augenblick veränderte sich mein ganzes Leben. Ich erkannte, daß diese klebrige, warme, salzig schmeckende Flüssigkeit, die ich von meiner Haut aufnahm, der eigentliche Lebenssaft, das Leben selbst sei, und diese Erkenntnis verließ mich nie wieder in all den folgenden Jahren. Bald war ich soweit, daß ich mir selbst Wunden beibrachte, um das Blut auflecken zu können, und daß ich, wenn ich ein Mädchen küßte, es in die Lippen biß... Ich erkannte, daß ich zur Rasse der Vampire gehöre. Warum? Warum ich? Ich vermag es nicht zu erklären...«

---

* Hervorhebungen durch den Verfasser.

Das Rad

Die allgemeine Einführung der Freiheitsstrafen hat den Richtern –
zum erstenmal in der langen Geschichte der Rechtspflege – die
Möglichkeit geboten, die Strafe tatsächlich und genau dem Vergehen
anzupassen. Wir lesen täglich von Urteilen, die nach Jahren und
Monaten sorgfältig abgestuft sind; es gibt Nuancen, wie die Dun-
kelhaft am Tage, das harte Lager einmal wöchentlich oder monat-
lich, die bedingten Strafen. Es gibt Länder, in denen hundert und
mehr Jahre Gefängnis oder Zuchthaus verhängt werden, obwohl
niemand damit rechnet, daß der Verurteilte sie auch tatsächlich ab-
sitzt, und es gibt andere Länder, in denen man einen zu lebenslanger
Haft verurteilten Mann, sofern er sich gut führte, wieder auf der
Straße treffen kann, noch ehe er das vierzigste Jahr vollendet hat.

Alle diese Möglichkeiten zu einem wohlabgewogenen und abge-
stimmten Urteilsspruch sind jedoch verhältnismäßig jungen Datums
und standen noch vor zweihundert Jahren keinem deutschen, französischen oder britischen Richter zu Gebote. Vor der langsamen Befreiung des Strafvollzugs aus seinen mittelalterlichen Traditionen
hatte der Richter im Grunde nur die Wahl zwischen mehr oder minder grausamen Todes- oder Körperstrafen, denn wenn schon auf
Diebstahl der Tod stand, so mußte es naturgemäß ein anderer Tod
sein als jener, den man einen Massenmörder oder gar einen Königs-
Attentäter sterben ließ. Statt kürzere oder längere Freiheitsstrafen
zu verhängen, mußten die Richter aus einem Katalog der Torturen
und Tötungsarten wählen, und es kam nicht nur um der Abschrek-
kung, sondern auch um der Abstufung willen mitten in Europa zu
den grausigsten Ausgestaltungen der Hinrichtung, die doch als ein
letzter, entscheidender und nicht mehr zu steigernder Akt schlicht,

streng und schnell vor sich gehen sollte – wenn Vernunft und Menschlichkeit mitzureden hätten.

Die meisten modernen Staaten haben sich, sofern sie die Todesstrafe überhaupt noch kennen, für eine bestimmte Art der Hinrichtung entschieden. Die Ausnahmen sind vereinzelt: Im nordamerikanischen Staatenbund der USA bestehen, weil es sich eben um kein einheitliches Staatsgebilde handelt, noch drei Hinrichtungsmethoden nebeneinander (Hängen, Elektrischer Stuhl, Gaskammer), in Utah läßt man gar dem Delinquenten die Wahl zwischen Hängen, Erschießen und Enthaupten. In der österreichisch-ungarischen Monarchie verzeichnete man einige Jahre lang ein anderes Kuriosum: Der Wiener Scharfrichter strangulierte seine Kunden, sein Prager Kollege hingegen brach ihnen das Genick...

Dieser sinistren Uniformität unseres Jahrhunderts setzte das Mittelalter, ja noch die frühe Neuzeit die volle Buntheit altertümlichen Strafvollzugs entgegen, bei der das Volk beim Zuschauen nicht nur unter Umständen abgeschreckt, sondern vor allem auch in seiner Schaulust befriedigt wurde. Der Brauch und die späteren Gerichtsordnungen stellten im wesentlichen die folgenden Beziehungen zwischen Verbrechen und Todesstrafe auf:

Bei Diebstahl, Raub, Brandstiftung, mitunter auch bei Münzfälschung war das Hängen die häufigste Todesstrafe;

auf Totschlag, Raub, Landfriedensbruch, in gewissen Fällen auch auf Ehebruch, Notzucht und Fälschungsdelikte stand die Enthauptung (Dekollation);

bei Verrat oder Verbrechen gegen das Herrscherhaus wurde auf Vierteilung erkannt (eine erst im vierzehnten Jahrhundert aufgekommene Strafe, die dann jedoch, trotz ihrer großen Grausamkeit, verhältnismäßig häufig verhängt wurde);

Mörder, Raubmörder und Mitglieder von Banden, denen zahlreiche Untaten zur Last gelegt wurden, mußten aufs Rad;

Abb. 18 Darstellung der gebräuchlichsten Strafwerkzeuge: Galgen, Schafott, Marterpfahl, Rad, Richtschwert, Pranger, Besen, Zange, Folterwerkzeuge. Holzschnitt aus der Bambergischen Halsgerichtsordnung aus dem Jahre 1509.

Frauen, die man aus Gründen der Schicklichkeit nur selten zum Hängen verurteilte, wurden bei todeswürdigen Delikten meist ertränkt, oft auch‘ lebendig begraben und enthauptet. Es gab aber auch Fälle, bei denen Männer lebendig begraben wurden, etwa wenn bei Ehebruch das Paar, dem das Verbrechen nachgewiesen worden war, in der Lage des Beischlafs aufeinandergepfählt in der Grube zugeschüttet wurde (nicht sehr häufig, aber bezeugt).

In der frühen Neuzeit, in der Zeit der Ketzerverfolgungen und der Hexenriecherei, wurde für alle Arten Zauberei, Glaubensabfall, aber auch bei besonders schweren sexuellen Verfehlungen, wie zum Beispiel Umgang mit Tieren, die Verbrennungsstrafe verhängt. Etwa zur gleichen Zeit kam man von der alten Strafe des Siedens in Öl oder Wasser ab. Sie war aus dem Gottesurteil hervorgegangen, bei dem ein Ring oder ein anderer Gegenstand mit dem bloßen Arm aus einem Kessel siedenden Wassers geholt werden mußten, und wurde vor allem gegen Münzfälscher, aber auch gegen Verräter angewendet.

Der Todesstrafe kamen sehr oft auch die schwersten Körperstrafen gleich, denn angesichts des niedrigen Standes der Medizin überlebte nur ein Teil der Betroffenen die schweren Verstümmelungen, wie sie noch im siebzehnten Jahrhundert häufig von den Gerichten verhängt wurden. Das Ausstechen (auch ›Ausprechen‹) der Augen war fast immer eine Todesstrafe, ähnlich auch die nur bei schweren Sexualdelikten vorgenommene Entmannung. Dazu waren Verstümmelungen durch das Abhauen der Hand oder der Finger an der Tagesordnung.

Es gab Kombinationen, bei denen man erkennt, daß die Enthauptung im allgemeinen als eine Gnade angesehen wurde. Man enthauptete vor der Vierteilung oder man verbrannte den Leichnam eines Sodomiten zur Austilgung dieses besonderen Frevels noch nach der Enthauptung. In dem unschätzbaren Tagebuch, man könnte es auch einen Berufsbericht nennen, des Meisters Franntz Schmidt aus Nürnberg findet sich sehr oft die Wendung »aus gnaden mit dem Schwert gerichtet«. Schmidt unterscheidet auch sehr genau zwischen den schimpflicheren Hinrichtungsarten Strang und Rad:

»Den 22. Julius 1596: Hanns Niclaus von Koburg, sonst der

128

Schuller genannt, Hanns Schmiedt, von Zerrndorff, sonst der Gey-
bert... genannt, beede Dieb und zwen Schweger, der Schmiedt aber
ein Mörder, welcher neben andern Gesellen drei Einfehl helfen begehen... deßwegen den Nicolasen als ein Dieb mit dem Strang, den
Schmiedt als ein Mörder mit dem Rath gericht.«

»Anfang des 1593sten Jahres, den 21. Juni: Steffan Rebweller
von Maschstall in Saphoien, ein Kremmer und Dieb, so junge Diebs-
buben zum Beutelabschneiden (an)gehalten und einem die Wochen
ein Daller und die Cost zu Lohn geben, Heinrich Haußmann von
Kalckha (*Kalkar*), 14 Mayl unter Cöln, Georg Müller von Dormitz,
ein Kremmer, sonst der Dürr Georg genannt, Dieb, Rauber und
Mörder, der Heinrich und Dürr Georg bei dem Einfall zu Nie-
derndorff gewesen, wo sie den Juden umbracht... deßwegen den
Steffan Rebweller, erstlich, als ein Dieb, mit dem Strang gericht,
den Heinrich Haußmann und Dürr Georgen, beede Mörder, mit
dem Rath gericht, dem Georgen erstlich zwey Glieder abgestoßen.«

Schmidt gibt uns noch eine genaue Liste aller Bandenmitglieder,
die Müller oder Haußmann gehorcht haben, zusammen an die fünfzig Gesellen, die meist nur mit ihren Spitznamen bekannt waren.
Es mochte also den Nürnberger Rechtshütern ein guter Fang gelun-
gen sein, und dem Scharfrichter lag zweifellos daran, uns bezw. der
Nachwelt zu sagen, daß nicht irgend jemand aufs Rad geflochten
wurde, sondern zwei ganz gefährliche Anführer offensichtlich lang
gesuchter Banden.

Und das scheint uns auch, im Rückblick, die häufigste Anwendung des Rades gewesen zu sein: Es trug nicht den Mann, der einen
andern erschlagen hatte, es wartete nicht auf den Affekt-Täter, den
Totschläger, sondern auf jene, die den Frieden störten, die an den
Straßen auf Händler und Reisende lauerten und einsame Gehöfte
überfielen, die eigentlichen, gefährlichsten Feinde der mittelalterlichen Lebensgemeinschaften. Und weil die Unsicherheit der Wege

und des Lebens auf dem Lande tatsächlich eines der Hauptprobleme der Obrigkeit bis ins achtzehnte Jahrhundert blieb, hielt sich auch diese grausame Strafe bis an die Schwelle des technischen Zeitalters, bis in die letzten Jahre des achtzehnten Jahrhunderts. Noch in einem Scharfrichter-Prüfungsakt aus Friedrichswalde vom 18. Juli 1787 heißt es, daß der erst vierundzwanzigjährige Bewerber um die durch Tod frei gewordene Scharfrichterei von Treptow an der Rega schon zweimal gerädert habe, und zwar in Ruppin und in Königsberg. Fertigkeit im Rädern wurde genau so verlangt und examiniert wie das eigentliche Meisterstück, die saubere Dekollation.

Die Strafe selbst war kompliziert, grausam und eigentlich mehr eine den Tod nach sich ziehende Folter als ein einziger Hinrichtungsakt. Das Rad, von dem sie den Namen hat, trat in Deutschland meist erst in Erscheinung, wenn der Delinquent schon in den letzten Zügen lag.

Der Verurteilte wurde, völlig entkleidet, auf dem Boden ausgestreckt und angepflockt, mitunter auch auf Balken gebunden. Dann trat der Scharfrichter über ihn und stieß mit dem Rad meist »von unten auf« die Knochen ab, das heißt, er ließ ein schweres Wagenrad auf Unter- und Oberschenkel, Brustkorb, Arme usw. herabfallen, daß die Knochen brachen. Für das Wagenrad wurde in den ältesten (friesischen) Rechtsbüchern die Speichenzahl mit neun vorgeschrieben, andere Quellen verlangen zehn oder zwölf Speichen. Die Zahl der Radstöße gab meistens das Urteil an, doch blieb sie auch gelegentlich dem Scharfrichter überlassen. Oft wurde ihm lediglich verboten, mit dem tödlichen Stoß auf den Hals oder den Brustkorb zu beginnen. Sollten Wirbelsäule oder Nieren getroffen werden, so lag der Delinquent auf dem Bauch.

In frühen Zeiten, als Todesurteile an Frauen überhaupt noch selten waren und meist durch Ertränken vollzogen wurden, galt das

Abb. 19 Ein zum Rad Verurteilter wird auf einem mit Pflöcken versehenen Brett zur Hinrichtung festgeschnallt. Kupferstich aus dem 15. Jahrhundert vom Meister der Boccaccio-Illustrationen.

Rädern als reine Männerstrafe. Ob die notwendige völlige Entkleidung und die preisgebende Position des ausgespannten Leibes als Gründe dafür anzusehen sind, bleibt zweifelhaft, denn im Spätmittelalter, das im allgemeinen prüder eingestellt ist als die vorangehenden Jahrhunderte, findet sich das Rädern in verschiedenen Rechtsbüchern als auch für Frauen zulässige, ja manchmal vorgeschriebene Strafe. In Düsseldorf wurde noch 1712 die dreifache Mörderin Christiana Scheper aufs Rad geflochten, allerdings, nachdem man sie zuvor enthauptet hatte; Schuhmann irrt also, wenn er schreibt, daß diese Strafe »ausschließlich an Männern vollzogen wurde«. Dabei bezieht sich die auch von Schuhmann angeführte früheste Erwähnung des Räderns in dem berühmten Buch des Gregor von Tours in erster Linie auf Frauen:

Georgius Florentius, seit dem Jahre 573 Bischof von Tours, hat uns in seinen *Zehn Büchern fränkischer Geschichten* das unstreitig wichtigste Dokument jener bewegten Epoche hinterlassen und zugleich den späteren Chronikenschreibern ein schwer zu übertreffendes Vorbild an bewegter Anteilnahme und umfassender Berichterstattung gegeben. Gregor von Tours, wie die Geschichte ihn nennt, lebte jahrzehntelang zwischen den Mächtigen des fränkischen Raumes; er kannte sie alle, sah ihre Taten und Untaten oder erfuhr von ihnen und wandte sich nicht schaudernd ab, sondern schrieb zornig und bitter klagend nieder, was ihm sonst das Herz zersprengt hätte. Auf dem Hintergrund seiner Schilderungen ist die Ausbildung des abendländischen Strafvollzugs zu verstehen, die mittelalterliche Gerichtsbarkeit mit ihrer uns unbegreiflichen Grausamkeit: auf dem Hintergrund eines von Fehden und Gier zerrissenen, nach der langen *Pax Romana* in barbarische Zustände zurückgefallenen Gallien, in dem die Kirche gegen die rücksichtslose Machtpolitik des Adels noch keine andere Waffe hat als die Ermahnung...

»Indessen kam der Königin zu Ohren«, schreibt Gregor zum

Jahre 584, »ihr Sohn, der gestorben war, sei ihr durch Zaubereien und Besprechungen entrissen worden, und der Präfekt Mummolus, der ihr schon längst verhaßt war, habe darum gewußt.«

Fredegundis glaubte also einem bloßen Gerücht gegen einen hohen Hofbeamten, der eigentliche Grund ihrer Wut war aber wohl, daß sie annahm, jener Mummolus habe ein Mittel gekannt, ihren Sohn zu heilen, und habe es absichtlich verschwiegen.

»Es ereignete sich, daß, als Mummolus einst in seinem Hause schmauste, einer von den Hofleuten in Klagen über den Königssohn ausbrach, den er lieb gehabt und den die Ruhr hinweggerafft habe, und Mummolus erwiderte darauf: ›Oh, da habe ich ein Kraut vorrätig, wer davon bei der Ruhr nimmt, der wird geheilt, wenn auch schon alle Hoffnung verloren ist.‹ Als die Königin das vernahm, wurde sie noch zorniger. Und sie ließ mehrere Weiber in der Stadt Paris ergreifen und auf die Folter spannen und brachte sie durch Schläge dazu, alles zu bekennen, was sie wußten. Und sie bekannten, daß sie Zauberinnen seien, und erklärten, viele seien schon durch sie gestorben. Sie fügten auch hinzu, was nach unserer Meinung keinesfalls Glauben verdient: ›Deinen Sohn, o Königin, haben wir geopfert, um dem Präfekten Mummolus das Leben zu erhalten.‹ Darauf verhängte die Königin noch schwerere Strafen über sie und ließ sie teils erwürgen, teils verbrennen, teils ihnen die Knochen brechen und sie auf das Rad flechten.«

Über den Präfekten hatte Fredegundis noch keine Gewalt, sie mußte erst den König überzeugen, und dieser ließ dann den nach Gregors vernünftiger Annahme unschuldigen Mann so lange auf die fürchterlichste Weise quälen, bis diesem das Herz versagte und er starb. Gegen die Zauberinnen der damals noch kleinen Stadt Paris verfuhr Fredegundis jedoch mit einer Grausamkeit, die schon die Hexenverfolgungen vorwegnahm.

Auch der Tod der Brunichilde von Austrasien im Jahre 613 zeigt die besondere Grausamkeit jener Zeit, in der sich manche spätere Rechtsgewohnheit herausbildete: Die Königin wurde, als sie in die Gewalt Chlothars von Neustrien geriet, nach langen Martern an den Schweif eines Pferdes gebunden und von diesem zu Tode geschleift (nach anderen Quellen von vier Pferden zerrissen. Doré hat die erste Todesart bildlich dargestellt, zwei alte Miniaturisten jedoch die Zerreißung). Jedenfalls sehen wir, daß rauhe Zeiten sich auch über die Rücksichten hinwegsetzten, die jene uralten Unterscheidungen zwischen Männer- und Weiberstrafen dereinst begründet hatten. Im allgemeinen war freilich das Rädern eine Männerstrafe, vor allem auch, weil es eine besonders schwere Strafe war und praktisch ein ganzes Register an Untaten voraussetzte. Es war die Strafe für den Gewohnheitsverbrecher, wie wir uns heute ausdrücken würden, und hatte mit den Verfehlungen, wie sie Frauen im allgemeinen begehen, wenig oder nichts zu tun.

Um so erstaunlicher ist, daß selbst diese schwere Strafe dem Gerichteten noch eine winzige Chance des Davonkommens bot, die er zum Beispiel beim Enthaupten nicht hatte. War der Delinquent nämlich ›von unten auf‹ gerichtet, waren alle seine Knochen gebrochen, so wurde er tatsächlich, wie es die alten Rechtsbücher wollten, aufs Rad *geflochten*. Sein Leib und seine Gliedmaßen boten ja keinen Widerstand mehr. Der Ärmste, der in den meisten Fällen noch leben mochte – zumindest dann, wenn er den Gnadenstoß auf den Hals oder den Brustkorb nicht erhalten hatte –, wurde auf das Rad gebunden und dieses dann hoch aufgerichtet.

So, auf dem Rad oder eigentlich im Rad liegend, an einer Stange hoch über dem Erdboden schwebend und den Raben preisgegeben, zeigen ihn uns viele alte Illustrationen, unter anderen eine Federzeichnung von Urs Graf in der Wiener *Albertina*.

Ob man sie mit dem Rad gerichtet hatte oder, nach französischem Brauch, ihnen mit der Eisenstange die Knochen zerschlagen hatte,

Abb. 20 Rädern und Radflechten 16. Jahrhundert. Holzschnitt aus einer im Jahre 1548 gedruckten Schweizer Chronik.

so waren sie zwar schwer verletzt, aber so mancher lebte dennoch Stunden, ja Tage in dieser qualvollen Verfassung. Und nun begann sich der oft grauenerregende Spieltrieb des mittelalterlichen Menschen auszuwirken. So wie man einer Lebendigbegrabenen ein Atemrohr in den Mund steckte und bisweilen sogar Nahrung einflößte, so nahmen sich nun allerlei merkwürdige Helfer des auf das

Rad geflochtenen Missetäters an. Sie brachten ihm Trunk und Speise, ja die Studiosi der Medizin, die Barbiere und jene, die es einmal zum Feldscher bringen wollten, versuchten ihre Kunst an ihm und bemühten sich, die gebrochenen Gliedmaßen wieder in die Lage zu bringen und zu schienen – eine Aktivität, die in neunundneunzig von hundert Fällen beim damaligen Stand der Medizin ja doch nichts anderes bedeutete als eine letzte Marter für einen ohnedies schon Sterbenden.

Immerhin sind einige Fälle überliefert, in denen die Delinquenten, offenbar besonders robuste Naturen, das Rädern erstaunlich gut überstanden:

»Wegen der letzt gemeldeten Mörder hört man noch folgendes«, schreibt der *Sonnabendsche Postillion* vom 27. Dezember 1702 über die in der Schweiz erfolgte Liquidierung einer großen Räuber- und Mörderbande: »Einer derselben, da er zur Exekution hingeführt wurde, fing im Vorbeygehn eines Hügels laut zu lachen an und erzählte darauf, daß er einstens an selbigem Ort einen Kesselflicker schlaffend gefunden mit einem kleinen Feuerchen an seiner Seite, welchem er einen Löffel voll geschmoltzen Bley in den Mund gegossen, der dadurch solch kurtzweilige Capriolen gemacht, daß er jedesmal, wenn er daran dächte, sich des Lachens nicht enthalten könne. Selbige wurden alle längs dem See von Lausanne auf Räder gesetzt und erzeigten sich die Geräderten so hartnäckig, daß, da sie auf den Rädern saßen, einer dem andern zurief, ob die Sonne noch nicht sey untergegangen.«

Sogar für die völlige Wiederherstellung nach Dutzenden von schweren Knochenbrüchen, wie sie bei dieser Strafe unvermeidlich waren, geben uns die Zeitungsmeldungen vergangener Jahrhunderte Belege. Einen der erstaunlichsten Fälle und zugleich den Beweis, daß mancher das Rädern wirklich verdient hatte, liefert die *Vossische Zeitung*, die sich im Jahre 1777 aus Bordeaux melden ließ:

»In den öffentlichen Nachrichten von Bordeaux lieset man, daß daselbst ohnlängst ein Mensch verurteilt worden, lebendig gerädert zu werden und auf dem Rade sein Leben zu beschließen. Da nun die Exekution verrichtet und es Nacht war, ging die Wache, welche denselben für tot hielt, fort. Ein Chirurgus nahm den Leichnam weg und schleppte solchen mit sich nach Haus, um ihn zu anatomieren. Bei der Untersuchung fand er noch einige Spuren des Lebens an ihm. Aus Menschenliebe wandte er alle Hülfsmittel seiner Kunst an, denselben zu retten. Es gelung ihm auch; so daß der Patient, nach einer langen Heilung, wieder den völligen Gebrauch seiner Gliedmaßen erhielt. Indessen ließ die Obrigkeit eine scharfe Proklamation gegen die Entwender des Leichnams ausgehen, worin dem Überbringer eine große Summa versprochen wurde. Der Chirurgus sagte es dem Missethäter und nöthigte ihn, weil er wieder zu gehen imstande war, sich zu flüchten, um sowohl sein eigenes, wie auch das Leben seines Wohlthäters zu retten. Allein der Bösewicht, von der versprochenen Summa eingenommen, ging sogleich, den, der ihn aus dem Rachen des Todes gerissen, anzugeben. Die Obrigkeit, über den Anblick einer solchen abscheulichen Undankbarkeit ganz von Schauder überfallen, befahl dem Wundarzt, die Stadt zu räumen; der verfluchte Anbringer aber wurde eine zweite Hinrichtung auszustehen verurtheilet.«

Wir dürfen hinzufügen, daß ohne diesen Akt der Undankbarkeit dem Missetäter das Los einer zweiten Hinrichtung vermutlich erspart geblieben wäre, denn sie war gegen allen Brauch. An vielen Orten galt sogar ganz offiziell der Grundsatz, daß der Gerädert, der das dritte Morgenrot erlebte, damit aller Strafe ledig sei – wie ja überhaupt ein erstaunlich großer Teil der sogenannten Todesstrafen ein Hintertürchen offen ließ: Die Basler ließen ihre Ertränkten an einer bestimmten Stelle wieder aus dem Rhein fischen, die Niederösterreicher gaben dem Fischdieb ein Messerchen mit in die

Israel ex. Cum Priul. Reg.

L'œil touſiours ſuruelillant de la diuine Aſtrée   Lors que tenant l'Eſpe
Bannit entièrement le dueil d'vne contrée,   Elle iuge et punit le

ance en main
humain,

Qui guette les paſſons, les meurtrit, et ſén ioüe,
Puis luy meſme deuient le ioüet d'vne roüe.

14

Reuse, in die er unter Wasser eingesperrt wurde; auch den, der das Hängen überlebte, knüpfte man nicht zum zweiten Mal auf. Die Obrigkeit muß tatsächlich, wie der Berichterstatter des achtzehnten Jahrhunderts sagt, »ganz von Schauder überfallen« gewesen sein, um den schon einmal Justifizierten ein zweites Mal auf das Rad legen zu lassen.

Vielleicht stand hinter solchen wenn auch sehr geringfügigen Rettungschancen doch die Überzeugung, daß der Mensch auch als Richter noch im menschlichen Irrenkönnen befangen bleibt; war der Delinquent wider alle Annahme unschuldig, so würde eine höhere Macht ihm schon helfen, den schmalen Ausweg zu finden . . .

Schwer deutbar wie das Rädern und nicht minder grausam ist die Vierteilung des Verbrechers, die als selbständige Todesstrafe glücklicherweise verhältnismäßig selten auftrat und in der überwiegenden Zahl der überlieferten Fälle erst am Leichnam vorgenommen wurde. In der *Carolina* erscheint die Vierteilung als Verräterstrafe, und die nach der Exekution vorhandenen vier Teile des Delinquenten boten die willkommene Möglichkeit, an verschiedenen Punkten einer Stadt oder eines Bezirks die grausigen Trophäen der Staatsgewalt in abschreckender Weise auszustellen.

Doch scheint nicht dieses Zurschaustellen der Hauptzweck der Vierteilung gewesen zu sein, so viele alte Städte auch vier Tore hatten und demnach vier Ausstellungsobjekte brauchten, um allen, die in die Stadt kamen oder sie verließen, die Strenge der Justiz mahnend vor Augen zu führen. Hans von Hentig hat in seinem großen Werk über die Strafe darauf hingewiesen, daß seit der Antike bestimmte Organe des Menschen mit bestimmten Charaktereigenschaften, mit Tugenden und Untugenden, in Verbindung gebracht wurden. Der Verrat saß, nach altem Glauben, im Herzen, und das Herz war es, das mit der Vierteilung, der Öffnung des Brustkorbs, zunächst ge-

Abb. 21 Vierteilen eines Verbrechers. Holzschnitt aus den Römischen Historien von Livius, Mainz 1514.

troffen werden sollte. Hentig gibt auch das Beispiel des Ritters Bartholomäus Grandval, der im Jahre 1692 einen mißglückten Anschlag auf das Leben Wilhelms III. von England unternahm:

»Grandval wurde am Galgen aufgehangen, dem noch Lebenden wurde die Brust aufgeschnitten, das Herz herausgerissen und ins Gesicht geworfen, dann mit seinen übrigen Eingeweiden verbrannt. Das gleiche geschah mit seinen Genitalien.«

Der Hentig-Schüler Schuhmann hat in seiner bemerkenswerten Dissertation über den Scharfrichter aus Aufzeichnungen des kaiserlichen Notars Sastrow den Bericht über eine Vierteilung beigebracht, bei der dem Delinquenten vorher die Gnade der Erdrosselung zuteil geworden war. Unmittelbar darauf, nachdem der Scharfrichter sich vom Eintritt des Todes überzeugt hatte, zog er den Toten aus, beließ ihm jedoch das Hemd und schlitzte durch das Hemd den Leib auf. Eingeweide und Genitalien wurden auf einen Tisch geworfen und dann erst der Leichnam mit dem Beil in vier Teile gehauen. Die Eingeweide wurden oft unter dem Galgen beerdigt.

Sehr häufig kam es auch vor, daß man im Falle des Verrats nur den Kopf vom Rumpf abtrennte, den Körper am Galgen ausstellte, den Kopf aber an die Stadtmauer oder über ein Stadttor hängte. Dies war zum Beispiel bei der Hinrichtung des Grafen Olivier de Clisson der Fall, eines bretonischen Rebellen gegen König Philipp VI. Die Wirkung der Maßnahme war jedoch anders, als der König erwartet hatte: Als der Kopf des Grafen im bretonischen Nantes ausgestellt wurde, führte seine Witwe, die später berühmte Jeanne de Clisson, ihre kleinen Söhne unter das Haupt des Vaters und ließ sie Rache schwören. Sie selbst aber begann jenen langen und blutigen Feldzug gegen die Krone, der als der Krieg der beiden Jeannes bekannt wurde. Ihr ältester Sohn wurde als Connétable de Clisson einer der berühmtesten, aber auch einer der grausamsten Feldherrn Frankreichs.

Alle Register des Schreckens zog die Obrigkeit immer dann, wenn es sich nicht um bloßen Verrat, sondern um einen Angriff auf die geheiligte Person des Königs gehandelt hatte. Noch heute stellen wir immer wieder betroffen, ja fassungslos fest, wie schnell ein Gewehrschuß aus dem Hinterhalt oder eine in ein Flugzeug geschmuggelte Bombe Weltgeschichte machen und den Lauf der Dinge verändern können. Als es noch kein Zielfernrohr und keinen Zeitzünder gab, war dafür auch die Abwehr der Attentäter noch recht rudimentär, sie konnten sich in den engen Gassen mittelalterlicher Städte nahe an die Souveräne herandrängen, sie konnten einen Wagenschlag aufreißen und mit dem Dolch zustoßen, was heute wohl niemand mehr als eine aussichtsreiche Methode ansehen würde.

Angesichts der vielen Monarchen, die im Lauf der Jahrhunderte solchen Anschlägen erlagen, erscheint die außerordentliche Härte, mit der erfolgreiche oder erfolglose Attentäter bestraft wurden, zumindest erklärlich, wenn man sie auch nicht billigen wird. Selbst wenn der Monarch geneigt war, dem Fanatiker zu verzeihen, setzten die Sicherheitsbehörden unter Hinweis auf die Folgen und den Eindruck auf die Öffentlichkeit so gut wie stets die strengen Bestrafungen durch. Der Soldat, der während einer Belagerung, also im regelrechten Kampf, durch einen Schuß mit der Armbrust König Richard Löwenherz tödlich verwundete, wurde nach der Eroberung der Festung geschunden (das heißt, man zog ihm die Haut ab) und lebendig geviertelt. Noch grausamer aber verfuhr man mit Robert François Damiens, der aus Gründen, die nie völlig klar geworden sind, ausgerechnet den ohnedies nur an den Frauen interessierten Ludwig XV. aus der Welt schaffen wollte. Ludwig war nur leicht verwundet worden, ein paar Tropfen Bourbonenblut waren geflossen, aber die allgemeine Entrüstung schlug die höchsten Wogen, und die verwöhnten Damen des *Ancien Régime* entblödeten sich nicht, höchst eigenhändig Vorschläge über besonders schmerzliche Martern einzureichen, um den Mann, der dem Vielgeliebten ans Leben gewollt, auf phantasievolle Art zum Tode zu befördern.

Die Hinrichtung blieb dann aber doch in den ohnedies recht weit gezogenen Grenzen der Tradition, das heißt, man schritt das ganze Maß des Schreckens aus, das der alte Strafvollzug zuließ, und die Menge, die sich auf dem Pariser Grève-Platz (heute Place de l'Hôtel de Ville) versammelt hatte, sah einen Mann, der zweifellos kein gemeiner Verbrecher, sondern eben ein politischer Attentäter war, an die fünfviertel Stunden lang leiden, ehe er sein Leben aushauchte:

»Die Hinrichtung begann gegen fünf Uhr«, schreibt Edmond-Jean-François Barbier in seinem Tagebuch unter dem Jahr 1757. »Zuerst wurde ihm die Hand verbrannt und geschmolzenes Blei in seine Wunden gegossen, wobei er entsetzliche Schreie ausstieß. Dann begann man mit der Vierteilung, die besonders lang währte, weil Damiens ein sehr kräftiger Mann war. Zu den vier starken Pferden, die man ihm an die Glieder gespannt hatte, mußten noch zwei gesellt werden. Niemand ritt auf den Pferden, sie wurden nur angetrieben.«

Vier Zugpferde waren schwächer als die Muskeln und Sehnen eines Menschen, der zwischen ihnen hing und stöhnte und schrie. Und dennoch ist von einer der hochgeborenen Zuschauerinnen der Ausruf »Die armen Pferde!« überliefert. Tags darauf begannen dann auch Ermittlungen gegen den Scharfrichter, weil er zu schwache Pferde ausgewählt habe... Für den Augenblick freilich mußte man einen anderen Ausweg finden:

»Da die Vierteilung nicht gelingen wollte«, fährt Barbier fort, »begab sich jemand ins Rathaus, um von den Kommissaren die Zustimmung zur Durchtrennung der Gelenke zu erreichen. Dies war zunächst abgelehnt worden, um die Leiden des Damiens nicht abzukürzen, wurde dann aber doch bewilligt. Nun gaben zunächst die beiden Schenkel nach, eine Schulter löste sich, und um Viertel nach sechs hauchte der Delinquent sein Leben aus. Die Teile seines Körpers wurden auf einem Scheiterhaufen verbrannt.

Damiens hatte die ganze Zeit über die fürchterlichsten Schmerzen ausgestanden, und dies mit beträchtlicher Festigkeit. Er stieß zwar Schreie aus, aber er fluchte und jammerte weder auf der Folter noch bei der Hinrichtung. Allerdings sagte man, daß seine Beichtväter nicht mit ihm zufrieden waren; er schien nicht viel von Religion gehalten zu haben.

Die Dächer aller Häuser am Grève-Platz, ja selbst noch die Kamine waren dicht mit Menschen besetzt. Ein Mann und eine Frau stürzten in die Tiefe und verletzten dabei noch andere. Unter den Zuschauern waren die Frauen auffällig stark vertreten, sogar jene aus den Adelsfamilien. Sie wichen keinen Augenblick von den Fenstern und ertrugen alle Schrecknisse dieser langen Hinrichtung offensichtlich besser als die Männer...«

Drittes Buch

Der Tod aus der Maschine

Das Fallbeil

Das achtzehnte Jahrhundert wird das der Vernunft, der Humanität, des Rationalismus, des Skeptizismus oder der Desillusionierung genannt, je nach dem Standpunkt des Autors. Auf jeden Fall aber war es das Jahrhundert der erstaunlichsten technischen Spielereien, der kunstreichsten Automaten, der sinnlosesten, aber genial ausgeklügelten Maschinerien zur Unterhaltung der noch immer unterbeschäftigten Monarchen. Es war die Zeit der lebensechten Puppen und anderer Konstruktionen am Rand zwischen Wirklichkeit und Phantasmagorie, die erheitern, empfindlichen Gemütern wie etwa dem Dichter Kleist aber manchen Schauer ins Gebein jagen konnten. »Herr Wetzel«, schreibt die Haude-Spenersche Zeitung in ihrer Nummer 56 aus dem Jahr 1789, »zeigt eine Sprech-Sing-Schreib-und Schachspielmaschine mit einer Rechenuhr und andern künstlichen Einrichtungen. Sie spricht, singt Arien, gibt Echos, beantwortet Rätsel und Fragen, löset mathematische Probleme auf... leitet einen sichtbaren magnetischen Strom hervor und erregt Zuckungen bei den Zuschauern. Zuletzt zieht er (*Wetzel*) aber eine versteckte Person hervor, welche alles das Benannte verursachte...«

Die Maschine, durch die ein fortschrittsgläubiges Jahrhundert die oft fehlende Hand des Henkers zu ersetzen trachtete, brauchte weder Arien zu singen noch mathematische Probleme zu lösen; ohne ›eine Person, welche alles verursachte‹, kam sie jedoch ebensowenig aus wie das Wunderwerk des Bayreuthers Wetzel, und das war gut so. Denn eine selbsttätige Hinrichtungsmaschine, die ohne menschliche Mithilfe oder Auslösung hurtig weitertötet, hätte vermutlich zwischen Delinquenten und Richtern nicht unterschieden.

Das äußere Erfordernis, aus dem die erste im großen Stil einge-setzte Hinrichtungsmaschine geboren wurde, war der Machtübergang an eine neue Schicht. Die Katastrophe kam im Gefolge der Franzö-sischen Revolution über Adel und Bürgertum zunächst in Paris, später auch in anderen Städten Frankreichs. Es hatte in Paris schon oft blutige Unruhen gegeben, es war auch schon zu Massenabschlach-tungen gekommen wie in der Bartholomäusnacht, in der an die drei-tausend Menschen ihr Leben lassen mußten. Aber diese Nacht war schnell vorbeigegangen; so viele hatten in ihr getötet, um die begü-terten Hugenotten ausplündern zu können, daß kaum jemand den Henker-Streik bemerkte, zu dem es in jenem August des Jahres 1572 kam: Während die Stadt in einen Rausch des Mordens und Plün-derns verfallen war, hatten die Henker von Paris einmütig erklärt, daß sie nur im Rahmen des Gesetzes richten würden und daß eine Verurteilung vorangegangen sein müsse.

Diese Voraussetzungen erfüllte die Schnelljustiz der Revolutions-tribunale zwar nur der Form nach, aber Meister Sanson scheint ge-ahnt zu haben, daß man eher Katharina von Medici widersprechen durfte als etwa Danton, und darum kleidete er seine Bedenken in die Form positiver Kritik. Sein Memorandum an den Justizmini-ster wirkt in seiner schaurigen Sachlichkeit beinah naiv, so als habe der Mann gar nicht geahnt, wie seine Worte auf Unbefangene wir-ken mußten. Aber wer war in jenen blutigen Tagen noch wirklich unbefangen? Der Justizminister im Ministerium der Feuillants, Mar-guerite Louis François Duport-Dutertre, gewiß nicht . . .

»Um die Exekution gemäß dem Gesetz zu vollstrecken«, schrieb Sanson, »muß der Scharfrichter Geschick beweisen, der Verurteilte aber Ruhe bewahren und auf Widerstand verzichten. Treffen diese beiden Voraussetzungen nicht zu, so wird eine einwandfreie Hin-richtung mit dem Schwert unmöglich.

Nach jeder Exekution ist das Schwert für den Augenblick, also für eine weitere Hinrichtung, unbrauchbar; es muß erst erneut geschliffen und geschärft werden. Sind mehrere Personen nacheinander hinzurichten, so bedingt dies einen ausreichenden Vorrat tauglicher Schwerter. Diesen bereitzustellen dürfte jedoch beträchtliche, wenn nicht unüberwindliche Schwierigkeiten mit sich bringen.

Es muß auch erwähnt werden, daß die Hinrichtung mehrerer Personen vor allem im Hinblick auf die großen Mengen verspritzten Blutes unter jenen, die ihr Schicksal noch erwarten, Angst und Schrecken hervorrufen wird. Ihre Schwäche aber bedeutet für den weiteren Verlauf der Exekution eine außerordentliche Erschwernis, ja diese kann dadurch zum Kampf, zu einem Massaker entarten.

Aus all diesen Gründen wäre es von besonderer Bedeutung, zur Befriedigung der humanitären Bestrebungen der Nationalversammlung eine Vorrichtung zu erfinden, die den Verurteilten in zweckdienlicher Stellung festhält, ja unbeweglich macht, und somit jede Ungewißheit bei seiner Hinrichtung von vornherein ausschaltet.«

Charles-Henri Sanson hat, als er diese Eingabe verfaßte, zweifellos schon eine bestimmte Konstruktion im Auge gehabt, denn die Sansons gehörten zu den gebildetsten Scharfrichterfamilien, und es wäre sehr verwunderlich, wenn ihnen die Fallbeil-Konstruktionen früherer Zeiten unbekannt geblieben sein sollten. Noch besser aber wußten sie, wie das Volk von Paris und anderer Städte ungeschickte Hinrichtungen zu ahnden pflegte – indem es den Henker in Stücke riß. Den Kapitalverbrechern fühlte Sanson sich gewachsen, ihre Zahl schwankte im Laufe der Jahre nicht sonderlich; die politische Justiz jedoch hatte stets besonderen Blutdurst bewiesen, und dabei konnte auch einem Sanson einmal der Arm erlahmen. Aber auch in anderer Hinsicht war die Stunde für eine Anregung zur Reform der Exekutionen gut gewählt. Die neue Regierung, die Gleichheit neben Freiheit und Brüderlichkeit auf ihre Fahnen geschrieben hatte, wollte in der Rechtsprechung wenn schon nicht die *fraternité*, so doch wenigstens die *égalité* verwirklichen, und wodurch wäre sie besser zu garantieren gewesen als durch einen Mechanismus, eine Maschine?

Manches ältere Mitglied des Konvents erinnerte sich noch an die Hinrichtung jenes Damiens, der den vielgeliebten und noch mehr liebenden Ludwig XV. mit seinem Dolch angekratzt hatte. Was war da nicht alles in Szene gesetzt worden, um den Königsattentäter recht lange leiden zu lassen! Es würde zweifellos eine eindrucksvolle Demonstration der neuen Prinzipien bedeuten, wenn fortan jegliche Todesstrafe auf die gleiche Weise vollzogen würde, gleichgültig, wer zu richten war und wofür er gerichtet wurde.

Seit dem 1. Dezember 1789 lag der Nationalversammlung ein in sechs Punkte gegliederter Reformvorschlag zum Hinrichtungsproblem vor, der solch eine uniforme, stets gleiche Strafe forderte und dabei etwas vage von einer Enthauptung mittels einer »einfachen mechanischen Vorrichtung« sprach. Verfasser dieser sechs Punkte und ihr glühendster Fürsprecher in der Versammlung war der Arzt Joseph Ignace Guillotin aus Saintes, eine damals schon bekannte Erscheinung, dessen mitunter etwas wunderliche, aber stets gut formulierte Anträge nicht nur in Frankreich, sondern auch im Ausland stark beachtet wurden.

Wir wissen leider nicht, ob Guillotin schon in der Debatte, die seinen sechs Punkten folgte, die Konstruktion eines Fallbeils in allen Einzelheiten beschrieb. Im Konventsbericht des *Journal des Etats Généraux* jenes Tages findet sich nur der Absatz: »Monsieur Guillotin beschrieb den Mechanismus und malte seine Wirkung... mit den Worten aus: Die Maschine wirkt wie der Blitz, der Kopf rollt, das Blut sprudelt, der Mensch ist nicht mehr.«

Auch Guillotin wird dabei sicherlich an die in Frankreich, England, Irland und Deutschland, vermutlich auch in Italien gelegentlich gebrauchten Fallbeile gedacht haben, ohne eine ins Einzelne gehende, praktisch zu verwirklichende Konstruktionsskizze zu besitzen. Er war ein Redner, ein Mann von starkem technischen Interesse, aber doch kein Mechaniker, kein Erfinder.

»Glücklicherweise«, schreibt Henri Sanson der Jüngere, »besuchte meinen Großvater seit einiger Zeit ein deutscher Mechaniker namens Schmidt, und mit diesem hat er bisweilen von seiner und Doktor Guillotins Bedrängnis gesprochen. Dieser Schmidt, damals Klavierfabrikant, war in bezug auf Mechanik sehr erfahren und geschickt, auch wie fast alle seine deutschen Landsleute ein leidenschaftlicher Musiker. Nachdem er die Bekanntschaft meines Großvaters durch einige an ihn verkaufte Instrumente gemacht hatte, fand er an ihm Gefallen und kam nun allwöchentlich mehrere Male in das Scharfrichterhaus... und der Mechanikus Schmidt galt bald in meiner Familie als ein ganz unentbehrlicher Gast und Hausfreund. Die Vorliebe für Musik knüpfte zwischen ihm und Charles-Henri Sanson... ein inniges Freundschaftsband; die Aufführung Gluckscher Musikstücke näherte sie einander mehr und mehr.

Schmidt kam bald alle Tage. Während er auf dem Klavier spielte, ließ Charles-Henri Sanson seine Violine oder sein Violoncell ertönen.

Eines Abends, gerade nach einer Arie aus *Orpheus* und vor einem Duett aus der *Iphigenie in Aulis*, kam mein Großvater auf den sehr beliebten Instrumentenwechsel, wenn ich so sagen darf: Man vertauschte nämlich Klavier und Geige mit der fraglichen Enthauptungsmaschine, um deren Gestalt Charles-Henri Sanson mit fieberhafter Unruhe und Ungeduld beinahe Tag und Nacht mit sich rang.

›Ich glaube, daß ich eine Maschine nach Ihren Wünschen gefunden habe‹, sagte Schmidt schließlich, nahm einen Bleistift und entwarf mit einigen schnellen Strichen eine Zeichnung – das war die Guillotine.

Es war die Guillotine mit ihrer breiten, scharfschneidenden Stahlklinge, welche zwischen zwei Balken hing und vermöge eines Seiles leicht bewegt werden konnte. Da lag auch der Delinquent in ganzer Leibeslänge auf der Schaukel (*bascule*), und zwar so festgebunden, daß er, wenn sich das Brett senkte, mit dem Hals unter das Messer zu liegen kommen mußte. Die Schwierigkeit war besiegt, das Problem gelöst. Schmidt hatte endlich das Mittel gefunden, den zum Tode Verurteilten in waagerechter Stellung hinzurichten und ihn außerstande zu setzen, durch eine krampfhafte Bewegung den tödlichen Zweck des Streiches zu vereiteln.«

Henri Sanson der Jüngere geht, wie wir sehen, in seinem Bericht ziemlich ins Detail, ja er vermerkt sogar, daß Schmidt offensichtlich nicht länger bei dem sinistren Gegenstand verweilen wollte, sondern um Fortsetzung des Hauskonzerts mit jenem Duett bat. Es ist eine in ihrer Genauigkeit zweifellos absichtsvolle Schilderung, die zu einer Zeit niedergeschrieben wurde, da alle Welt den Hinrichtungsapparat bereits Guillotine nannte. Doktor Guillotin hat selbst dagegen protestiert, daß sie seinen Namen erhielt – aus Abscheu vor solch einer Verbindung, oder weil er wußte, daß nicht er der Erfinder war?

Die Frage nach der Urheberschaft dieses wohl berühmtesten modernen Hinrichtungsinstruments wird noch komplizierter, wenn wir die offiziellen Dokumente prüfen. Dabei stellt sich nämlich heraus, daß die Regierung keineswegs gewartet hatte, bis Meister Schmidt, durch Gluck beflügelt, den fruchtbaren Einfall zu Papier bringen konnte. Man lebte schließlich im Zeitalter der Vernunft; dem Konvent und der Regierung standen die besten Köpfe Frankreichs zur

Abb. 22 Flugblatt von Robespierres Blutrausch. Nach der Guillotinierung aller Franzosen richtet Robespierre eigenhändig den letzten Henker. Jede der gezeigten Guillotinen erinnert an eine Kategorie seiner Opfer.

Verfügung, und so wurde denn ein bekannter Arzt, der Chirurg Dr. Antoine Louis (1723–1792) veranlaßt, sich in einem Gutachten über eine neue Enthauptungsmethode zu äußern, die dem Stand der Kultur und des Denkens entspräche und alle Unsicherheiten ausschlösse.

Die seltsame Eile, die über all diesen Bemühungen liegt, ist dadurch, daß ein Delinquent auf seine Hinrichtung wartete, nicht ausreichend erklärt. Warum sollte jener Nicolas-Jacques Pelletier, der wegen bewaffneten Raubes zum Tode verurteilt worden war, nicht noch auf die altväterische Weise mit dem Schwert enthauptet werden? Sansons Bedenken richteten sich ja ahnungsvoll gegen die Hinrichtung mehrerer Personen mit dem Schwert (obwohl es auch dafür in Lübeck, Hamburg und anderen Seestädten die Beispiele großer, klaglos vor sich gegangener Seeräuber-Exekutionen gab). Einen einzigen Mann hinzurichten hätte den erfahrenen Charles-Henri Sanson zweifellos nicht vor unlösbare Probleme gestellt.

Der Zwang, unter dem Konvent und Regierung nun agierten, war weniger praktischer als theoretischer Natur. Es waren noch immer die sechs Punkte Guillotins, gegen die sich nicht viel einwenden ließ, es war der von dem klugen Arzt proklamierte Grundsatz, daß die Todesstrafe keine Marter mehr sein dürfe, sondern eine schlichte, genormte Beendigung des Lebens – nicht weniger, aber auch nicht mehr.

Doktor Louis aus der Stadt Metz war im Lauf seines langen Lebens oft mit dem chirurgischen Besteck unzufrieden gewesen, mit dem er hantieren mußte, und ganz Paris kannte seine Geschicklichkeit, seine Erfahrung im Verbessern und Erfinden von allerlei ärztlichem Handwerkszeug. Zudem kannte er naturgemäß genau die Aufgabe, die zu lösen war, denn für ihn hatte die Verbindung zwischen Kopf und Rumpf des Menschen keine Geheimnisse. Er war am Ende seines siebenten Lebensjahrzehnts angelangt und eine etwas käuzische, aber sehr aufgeschlossene Natur, dessen *Jour* am Sonntagabend stets einige Berühmtheiten zierten: der scharfsinnige Denker Diderot, der gelegentlich auch recht freie novellistische Studien veröffentlichte; der jüngere Crébillon, der dasselbe tat, ohne scharfsinnig zu sein; der Dramatiker Goldoni und der Arzt und Polyhistor Georges Cabanis, Philosoph und Moralist von hohen Graden. Den Vorsitz aber führte bei diesen Abenden der klugen Männer eine Frau, die geistvollste Pariser Komödiantin der Zeit: Sophie Arnoult, deren Aussprüche noch heute in Garderoben und Couloirs zitiert werden.

In diesem Kreis hatte man schnell begriffen, worum es ging, und wenn Louis sich am Ende seines Lebens dieser Aufgabe nicht entzog, so vermutlich auch auf Zureden seiner Freunde, die den Fortschritt der Menschheit, für den sie alle gekämpft hatten, nun auch im Strafvollzug verwirklicht zu sehen hofften. Das Gutachten des Chirurgen ist denn auch ein Muster von Verständnis, sachlicher Bescheidung und in der Prägnanz seines Urteils unbedingt autoritativ:

»Wenn wir die Struktur des Nackens studieren«, führte Louis unter anderem aus, »dessen Zentrum die Wirbelsäule. ist, die aus einer Reihe von Knochen besteht, deren verbindende Gelenke nicht ohne weiteres zu erkennen sind, wird uns klar, daß eine schnelle und vollkommene Abtrennung nicht möglich ist, wenn man mit dieser Aufgabe Menschen betraut, die aus seelischen und physischen Gründen auf unterschiedliche Weise handeln. Für eine vollkommene Prozedur ist es unerläßlich, sich eines unveränderlichen mechanischen Werkzeugs zu bedienen, dessen Kraft und Wirkung sich genau bestimmen lassen...«

Doktor Louis verweist dann kurz auf die in anderen Ländern (allerdings stets nur kurze Zeit) verwendeten Fallbeile und skizziert die Konstruktion einer zweckdienlichen Maschine:

»Der Körper des Verbrechers wird mit dem Gesicht nach unten

zwischen zwei Pfosten gelegt, die oben durch einen Querbalken verbunden sind, von dem ein konvexes Beil mittels einer Auslösungsvorrichtung auf den Nacken des Mannes hinabsaust. Der obere Teil des Instruments soll kräftig und schwer ausgeführt sein, damit es wie eine Ramme wirkt und sich die Wucht noch durch die Fallgeschwindigkeit steigern kann... Die Enthauptung wird auf diese Weise sofort vollzogen, was dem Sinn und den Absichten des neuen Gesetzes über die Exekution entspricht. Bei der Erprobung der Maschine an Leichen oder an lebenden Schafen wird sich herausstellen, ob es zweckmäßig ist, den Kopf des Opfers durch einen halbmondförmigen Riegel festzuhalten... Eine solche Apparatur würde, wenn sie den Beifall der zuständigen Stellen findet, keine öffentliche Sensation bedeuten und wohl kaum zur Kenntnis genommen werden.«

Aus dem Schlußsatz spricht die Scheu des berühmten Arztes, seinen Namen mit einer Neuerung verbunden zu sehen, die zwar, objektiv gesehen, einen Fortschritt und für viele Unglückliche eine Milderung ihres Loses bedeuten würde, zweifellos aber auch in jenem Zwielicht stehen müßte, aus dem zum Beispiel der Henker nie hatte entrinnen können, mochte er persönlich auch ein untadeliger Mensch sein.

Aber das Gutachten fand so einhellige Zustimmung, Doktor Louis wurde mit soviel Lob überhäuft, daß diese Bedenken bald schwanden. Er ging daran, dem Zimmermann, der bis dahin die Enthauptungstribünen gebaut hatte, genauere Anweisungen für den Bau dieser Hinrichtungsmaschine zu geben. Dr. Louis ging dabei bis ins kleinste Detail und zeigt uns, daß er sich in diesen Monaten mit keinem zweiten Gegenstand so eingehend beschäftigte wie mit der Guillotine, die diesen Namen noch nicht trug.

Für die unerwartete Wendung und die Vereinigung der beiden nebeneinander experimentierenden Lager sorgte der Zimmermann

Guidon, der ein großes Geschäft witterte – denn wenn die neue Maschine einmal beschlossene Sache war, dann mußte ganz Frankreich mit ihr ausgestattet werden, nicht nur Paris. Der ehrgeizige Mann taktierte in seiner Gier jedoch unklug. Er verlangte für die erste Konstruktion soviel Geld, daß alles wieder ins Stocken geriet und der Klavierbauer Schmidt, wohl von Sanson auf dem laufenden gehalten, sich an Doktor Louis heranmachen konnte.

Louis sorgte für die Verbindung mit dem entscheidenden Mann, dem Generalstaatsanwalt Roederer, den Guidons exzessive Forderung besonders erbost hatte. Roederer und Schmidt einigten sich sehr schnell, da der Deutsche kaum ein Fünftel der Summe verlangte, die Guidon sich ausbedungen hatte, und Tobias Schmidt baute in erstaunlich kurzer Zeit, in wenigen Apriltagen des Jahres 1792, das ominöse Instrument. Louis bereitete inzwischen alles zur Erprobung vor, indem er den leitenden Arzt des Spitals von Bicêtre von der großen Ehre zu überzeugen verstand, die ihm solch ein Schauspiel einbringen würde. Und da Bicêtre damals noch keineswegs jenes vorbildliche Asyl für alte und geistesgestörte Personen war wie heute, sondern ein düsteres Konglomerat aus Kerkerzellen und Sälen für verarmte Greise, konnte der angesprochene Kollege an Doktor Louis glückstrahlend schreiben, daß er nicht nur geeignete Höfe für eine noch so große Hinrichtungsmaschine habe, sondern auch Leichen in ausreichender Menge bereithalten werde. »Ich würde mich«, so schloß er, »übrigens besonders glücklich schätzen, wenn Sie bei dieser Gelegenheit der Gast eines Junggesellen sein würden, der Ihnen allerdings nur ein bescheidenes Mahl anbieten kann...«

Was bei der Hausmusik begann, endete in bester Laune an der Tafel Dr. Culleriers, des Chefarztes von Bicêtre. Die festliche Stimmung über dem ganzen Entstehungsprozeß der Guillotine ist unleugbar – oder soll man sie euphorisch nennen? Schaf um Schaf wurde enthauptet, dann kamen die Leichen an die Reihe, zuerst, als wolle man die Maschine behutsam an ihre Aufgabe gewöhnen, Kinder und Frauen. »Die Anwesenden, denen der Scharfrichter die sauber abgetrennten Köpfe zur freundlichen Begutachtung reichte, verrieten diskrete Begeisterung« (Alister Kershaw). Dann aber, als der erste Stiernacken durchtrennt werden sollte, versagte die Konstruktion des musischen Deutschen.

Da das Prinzip aber seine Bewährungsprobe bestanden hatte, war nur eine Verbesserung nötig. Das Fallbeil wurde neu konstruiert und stärker beschwert, und am 21. April 1792 zeigte sich die Maschine dann jedem Nacken gewachsen...

Die Zeitungen waren, soweit ihre Vertreter dem Versuch hatten beiwohnen dürfen, des Lobes voll, und die an der Entwicklung der tüchtigen Maschine beteiligten Herren schoben einander in bewegten Worten das Hauptverdienst an der Neuerung zu, um auf diese Weise das Odium vom eigenen Namen fernzuhalten. Dennoch scheint die Volksstimme mit ihrer beinahe göttlichen Allwissenheit zunächst das Richtige oder den Richtigen getroffen zu haben, denn die Guillotine hieß im Pariser Volksmund erst einmal Louison oder Louisette, also etwa Luischen, worin der Chirurg Dr. Louis sehr zu Recht eine Anspielung auf seine Urheberschaft erblickte. Aber da der verdiente Mann wenige Monate darauf starb, während Doktor Guillotin weiterhin mitten in der Öffentlichkeit stand und noch zwei Jahrzehnte lang Eingaben, Proteste, Proklamationen und Pamphlete verfaßte, erwies sich schließlich sein Name als der stärkere und verband sich für immer mit dem unheimlichen blitzenden Ding, das auf sein erstes Opfer wartete.

Nach allem, was man heute weiß, scheint Guillotin den etwas zweifelhaften Ruhm also gar nicht verdient zu haben, während Doktor Louis beinahe und Tobias Schmidt völlig leer ausgegangen sind. Zunächst wurde das fleißige Luischen keinen Augenblick etwa der eiserne Tobias oder ähnlich genannt. Also wiederum ein historischer Irrtum? Man wagt es nicht zu entscheiden, denn die doch im Grunde recht einfache Konstruktion des Fallbeils scheint so simpel zu sein, daß ein Patent auf sie gar nicht erteilt würde. Der Gedanke liegt zu nahe, die präzise Herstellung ist das Wichtigste, und der Vorbilder gab es derart viele, daß man eher von einer Wiedereinführung oder von einer Allgemein-Einführung des Fallbeils als von seiner *Erfindung* sprechen muß. Und um diese Einführung des Fallbeils als gesetzliches Hinrichtungsinstrument eines modernen Staates hat sich zweifellos niemand größere Verdienste erworben als Doktor Joseph-Ignace Guillotin.

Eben wegen dieser relativ naheliegenden Konstruktion, die jedem Scharfrichter einfallen konnte, lassen sich die Ursprünge dieses Hinrichtungsinstruments sehr schwer aufhellen, und selbst wenn man nach den ältesten Erwähnungen oder Abbildungen eines Fallbeils urteilen wollte, so wäre auch das rein zufällig angesichts der beträchtlichen Verluste an Quellenmaterial durch die zahlreichen Kriege, die Archivbrände und andere Ursachen.

Amiras großes Werk von den germanischen Todesstrafen, eine bisher unübertroffene Bestandsaufnahme, widmet der altdeutschen Vorform der Guillotine, der *Diele*, einen ganzen Abschnitt und beschreibt annähernd ein halbes Hundert verschiedener Abbildungen dieses Instruments in Kunstwerken und Drucken der europäischen Kulturnationen. Guillotin, weitgereister Professor der Anatomie an der Sorbonne, müßte davon eigentlich einige zu Gesicht bekommen haben, zum Beispiel das Wandgemälde des Andrea Mantegna in der Kirche der Eremitani zu Padua oder das Altargemälde des Jaime Huguet in San Pedro de Tarrassa zu Barcelona. Auf jeden Fall aber zeugen alle diese Holzschnitte, Federzeichnungen und Gemälde, ganz abgesehen von den schriftlichen Quellen, von einer beträchtlichen Verbreitung verschiedener Fallbeilkonstruktionen in Europa.

Die schlichteste und wohl auch älteste Form ist die Diele oder Dille, gelegentlich auch Planke genannt. Die Diele war ein Brett, das in den Rillen zweier Pfosten niederfiel und dabei den Nacken des liegenden oder knienden Verbrechers traf. Der Kopf des Delinquenten ruhte dabei meist auf einem Block. Aus den Schwierigkeiten mit der Guillotine des Tobias Schmidt läßt sich erkennen, daß solch ein

Abb. 23 Zu den Vorläufern der Guillotinierung zählt die Enthauptung mit Schlegel und Barte. Zeichnung aus Wolf Neubauers handschriftlicher Chronik von Nürnberg aus dem Jahre 1601.

Brett kaum eine Chance hatte, den Kopf tatsächlich abzutrennen, allenfalls betäubte es den Ärmsten, den es töten sollte, durch den schweren Nackenschlag. Zur Diele gehörte darum ein schwerer, zweihändig geschwungener Schlegel, mit dem der Henker das Brett Schlag um Schlag in den Nacken trieb, bis der Kopf herabfiel ...

Verbesserungen späterer Zeiten sind die Axt, die unter dem Fallbrett angebracht wurde, die stählerne, in das Brett eingelassene Schneide, und die schließliche Vertauschung des Bretts mit einer

Eisenplatte, die am unteren Ende zugeschliffen wurde. Holzschnitte und Stiche aus dem sechzehnten Jahrhundert zeigen schon Fallbeile mit gebogener Schneide, die der Künstler wohl kaum aus eigenem entwickelt, sondern der Praxis nachgezeichnet hat. Die Entwicklung von der Diele bis zum Fallbeil in der Form der späteren Guillotine scheint also kaum zweihundert Jahre in Anspruch genommen zu haben.

Es ist vielleicht nicht sehr rühmlich, aber doch mehr als wahrscheinlich, daß die Ursprünge des Fallbeils in seiner primitivsten Art im germanischen Bereich zu suchen sind. Im mittelalterlichen Salfelder Rechtsbuch findet sich eine aufschlußreiche Klausel: das Holz, das auf den Delinquenten herabfällt, müsse vom Wind abgebrochen worden sein. Das führt zum Grundgedanken dieser Enthauptungsmaschinerie, der sehr von den Überlegungen der beiden französischen Ärzte abwich. Wollten sie dem Scharfrichter Unsicherheit und dem Verurteilten überflüssiges Leiden ersparen, so hatte der germanische Rechtsbrauch in der Diele eine Möglichkeit gesehen, hinzurichten, ohne ein Mitglied der Gemeinschaft mit dem Odium des Henkers zu belasten. Niemand sollte das Mordinstrument, nämlich das herabfallende Holzstück oder Brett, vom Baum schneiden als der Wind, der Wind, das himmlische Kind. Und niemand sollte einen Streich gegen den Nacken eines Mitmenschen führen: Das Holz selbst sollte durch sein Gewicht das Entscheidende tun, der Schlegel half dann nur nach. In den Zeiten vor der Einführung eines eigenen Scharfrichters, aber auch in Orten, die sich keinen Henker leisten konnten, sind diese Überlegungen zweifellos zentral gewesen, brachte doch schon die bloße Berührung von Henkerswerkzeug Unehre, ja Ächtung – selbst der Handwerker, der für seinen Guillotinebau fünfmal soviel verlangt hatte wie Tobias Schmidt, hatte sich auf Vorhaltungen damit entschuldigt, daß man eine so entehrende Arbeit besonders hoch entlohnen müsse!

Die germanischen Länder hatten also ihr Fallbeil mehr mit Rücksicht auf die Mitbürger als auf den Verurteilten selbst erdacht; es sollte eine Art neutrales Medium zwischen der ehrlichen Hand und dem unehrlichen Tun, modern gesprochen also einen Isolator, abgeben.

Aus dem germanischen Norden kam das Fallbeil in die deutschen Lande, aber auch nach Irland und England, wo es zuerst berühmt wurde und seinen ersten prominenten Namen erhielt: Als *Halifax Gibbet* ging es schon im Jahr 1307 in die Geschichte ein, denn am 1. April dieses Jahres wurde mit dieser Maschine ein Mann namens Murcod Ballagh in der Grafschaft Surrey vom Leben zum Tode befördert. In Irland, England und Schottland wurde fortan Jahrhunderte hindurch, wenn auch gewiß nicht ständig, mit dem Halifax Gibbet gerichtet. Ob Thomas Morus auf diese Weise starb, wie es zeitgenössische Flugblätter behaupten, ist nicht erwiesen worden. Doch wurde James Douglas von Pittendriech, durch Heirat vierter Graf von Morton, am 2. Juni 1581 zu Edinburgh mit einer Maschine enthauptet, welche die Schotten *Maiden* nannten und dem normannischen Halifax Gibbet nachkonstruiert hatten. Douglas, der in der Geschichte der Maria Stuart eine düstere Rolle spielte und gelegentlich unter den Mördern Darnleys genannt wird, hatte in zwanzig Jahren blutiger Wirren immer wieder den Kopf retten können; gegen die zielsichere Schneide jener schottischen Jungfrau gab es dann freilich kein Mittel mehr.

Aber was bedeutete schon solch ein zwielichtiger Regent für die Karriere des Fallbeils, das in jenen gärenden Zeiten bereits nach legitimen Monarchen lechzte!

Noch war die Guillotine à la Doktor Louis nicht ganz so weit. Noch waren es einzelne, die den kühnen Gedanken hegten, dereinst das Haupt eines Königs in den Korb rollen zu sehen, ihn in den Sack niesen zu hören, wie das Volk sagen wird. Zuerst und für ein kleines Weilchen blieb man im Rahmen der Legitimität und erprobte die Schärfe des Stahls an den Nacken einwandfrei zum Tod verurteilter Bösewichter.

Wer diese widerwilligen Hauptakteure der Premiere waren, ist durch ebenso seltsame Widersprüche verhüllt wie die Neueinführung des Fallbeils in Frankreich. Der Mann, dessen bevorstehende Hinrichtung Erfinder und Konstrukteur zur Eile angetrieben hatte, war ein Räuber namens Pelletier. Hingegen ließ sich die Berliner *Vossische Zeitung* im September 1792 aus Paris berichten:

»Gestern (*d. h. am 23. 9.*) sind auf dem Platz Ludwigs XV., der Garde-Meuble gegenüber, drei von den Dieben mit der Guillotine (der von dem Chirurgen Guillotin angegebenen Maschine zum Enthaupten, wobei ein Beil auf den Nacken des Delinquenten herunterfällt) hingerichtet worden.«

Zweifellos war die Hinrichtung dieser drei Diebe, genauer gesagt Einbrecher, als erster Auftritt ungleich glanzvoller. Denn hinter dem, was die Vossische Zeitung kurz einen Diebstahl im Garde-Meuble, also in einer Art Hofmagazin nennt, verbirgt sich der größte Juwelenraub der Kriminalgeschichte. Im Garde-Meuble (heute Nr. 2 Place de la Concorde) wurden nämlich neben einer Anzahl von Einrichtungsstücken auch die Kronjuwelen aufbewahrt, die nach dem Inventar vom Jahre 1791 den Wert von 24 Millionen Livres hatten. Es war noch vor der Gangster-Zeit, die Kronjuwelen galten *eo ipso* als heilig, und nur ein paar alte Männer, wie man sie in Museen auf den Stühlen sitzen sieht, hüteten den Schatz. In den Nächten des 10., 11., 12., 13. und 16. September gelang es einer Bande von fünfzehn Einbrechern, die Kronjuwelen aus dem Gebäude zu holen. Wie wenig sie zu fürchten hatten, zeigt die Tatsache, daß sie immer wieder kamen. Sie erbeuteten den berühmten Stein mit dem Namen *Regent*, den Rubin der Anne de Bretagne, den

Blauen Diamanten und andere unschätzbare Stücke, gingen aber, da der Raub so leicht gewesen war, so sorglos und planlos damit um, daß sie schon wenige Tage nach dem Verbrechen hinter Schloß und Riegel saßen. Zwölf von ihnen wurden zum Tod verurteilt und in Intervallen hingerichtet, und die Steine tauchten einer nach dem anderen wieder auf: in Pariser Mansarden, unter einem Schutthaufen in der Avenue Montaigne, ja der Rubin der Anne de Bretagne war sogar bis Hamburg gereist...

Im Angesicht des Gebäudes, in dem sie ihre Übeltat vollbracht hatten, erlitten sie den Guillotine-Tod, und die neue Hinrichtungsmaschine blieb gleich auf dem großen, freien Platz, der einst Place Louis XV geheißen und das Standbild dieses Königs getragen hatte. Im Lauf der nächsten Jahre starben hier 1119 Menschen unter dem Fallbeil. Mit den 1306 Toten von der Place de la Nation und den 73 von der Place de la Bastille sind es rund zweieinhalbtausend, nicht gerechnet all jene, die in den Gefängnissen oder einfach auf der Straße abgeschlachtet wurden.

Unter den Guillotinierten von der Place de la Concorde waren auch die zwei berühmtesten Opfer der .neuen Maschine, Ludwig XVI. und Marie Antoinette, und wenn man in den Erinnerungen des Scharfrichters Sanson liest, mit welcher Befangenheit er diesen Exekutionen entgegenging, dann möchte man meinen, er habe alles vorausgeahnt und vor allem wegen dieser beiden Todesurteile auf die Ent-Schuldung seiner Hand, auf die Einführung einer Maschine gedrungen. Es ist tatsächlich ein alter Scharfrichterglaube, daß der Henker eines Königs selbst unter dem Richtschwert enden wird, und mancher Meister dieser Zunft war mit dem begabt, was man das Zweite Gesicht nennt. Charles-Henri Sanson war jedenfalls heilfroh, daß er nicht das Schwert über dem Nacken Ludwigs XVI. schwingen mußte, und erst die Monate, die der Hinrichtung folgten, zeigten ihm, daß der Selbstbetrug mißlungen war: Die düsteren Ahnungen und die Gewissensbisse stellten sich dennoch ein...

Charles-Henri Sanson tröstete sich nicht mit dem Gedanken, daß die Guillotine einen schnellen Tod bedeute; er sagte sich nicht, daß Camille Desmoulins vorgeschlagen hatte, den König am Pranger der Volkswut preiszugeben, während Legendre ihn gar in soviele Stücke hacken wollte, wie Frankreich Departements hatte. Er war als getreuer Diener der Obrigkeit und als Erbe einer alten Scharfrichter-Tradition vielleicht zum erstenmal tief uneins mit seinem Beruf, und wer glaubt, daß dies bei einem Henker doch keine Rolle spielen könne, daß dieser verrufenste aller Berufe stets nur von völlig verrohten Individuen ausgeübt worden sei, der tut gut daran, das Tagebuch Sansons zumindest auszugsweise zu lesen.

»Ich bin an diesem Morgen (*dem 21. 1. 1793*) um acht Uhr aufgebrochen, nachdem ich vorher meine arme Frau, die mich nicht wiederzusehen fürchtete, und meinen Sohn umarmt hatte; ich habe mich mit meinen beiden Brüdern Charlemagne und Louis Martin in einen Fiaker gesetzt. In den Straßen drängten die Menschen sich so dicht, daß wir erst kurz vor neun Uhr auf dem Revolutionsplatz (*Place de la Concorde*) anlangten. Gros und Barré, meine Gehilfen, hatten die Guillotine schon auf dem Schafott aufgestellt und alles aufs beste geordnet.

Meine Brüder und ich waren gut bewaffnet. Wir hatten unter unseren Regenmänteln außer dem Degen kurze Dolchmesser, in unserem Gürtel vier Pistolen... Wir hielten es gar wohl für möglich, daß man versuchen würde, den unglücklichen Fürsten zu befreien.

Als ich auf dem Platz ankam, suchte ich sofort mit den Augen meinen Sohn und bemerkte ihn auf wenige Schritte Entfernung von mir mit seinem Bataillon (*ein Scharfrichterssohn beim Militär!*). Er erwiderte meinen Blick und schien mich ermutigen· zu wollen. Ich lauschte aufmerksam nach jener Gegend hin, aus der der König kommen mußte, in der Erwartung, ein Geräusch zu vernehmen, das auf einen jener Befreiungsversuche schließen lasse, wie man sie mir in so vielen Briefen angekündigt hatte.

Während ich mich noch in solchen Träumen wiegte, während meine Seele sich Bilder aller Art vorführte, um nur nicht an die Wahrheit glauben zu müssen, da erwartete mich schon ein Erwachen, das nicht fürchterlicher hätte sein können!

Von Zeit zu Zeit hefteten sich meine Augen ängstlich auf die Einmündung der Rue Madeleine *(heute Rue Royale)*. Plötzlich sah ich ein Kavalleriekorps herangesprengt kommen und dahinter einen von zwei Pferden gezogenen Wagen, von einer doppelten Reihe Kavalleristen umgeben und von einer zweiten Abteilung derselben Waffengattung gefolgt.

Da war kein Zweifel mehr, kein Traum mehr möglich, denn dort erschien der königliche Märtyrer.«

Sanson spricht von einem Martyrium. Bedenkt er dabei, daß trotz aller Befehle, die er nur ausführt, letzlich doch er es ist, der die Hand gegen einen gesalbten König erhebt? Es scheint, daß er diese Umkehrung seiner Existenz nicht bewußt, aber doch mit seiner ganzen Natur erlebt, nämlich die Tatsache, daß er den Mann richten muß, von dem bis dahin alle Gewalt ausging und der auch Sansons eigene Tätigkeit bis zu diesen Umwälzungen moralisch gerechtfertigt hatte:

»Es wurde mir schwarz vor den Augen; ein förmliches Zittern befiel meine Glieder. Ich warf einen schnellen Blick auf meinen Sohn und sah die Leichenblässe auch in seinem Gesicht.

Indessen kam der Wagen an. Der König saß hinten rechts, ihm zur Seite ein Priester, sein Beichtvater. Auf dem Rücksitz befanden sich zwei Gendarmen.

Der Wagen hielt, die Türe öffnete sich. Zuerst stiegen die beiden Gendarmen aus, nach ihnen der Priester in einer Kleidung, die ich schon lange nicht mehr gesehen hatte, und endlich der König, würdiger, ruhiger und majestätischer, als er mir nur je in Versailles oder in den Tuilerien erschienen war.

Als ich sah, wie er sich der Treppe näherte, warf ich einen verzweifelten Blick um mich. Überall bemerkte ich nur Soldaten. Das hinter diesen Waffenreihen starrende Volk schien vor Staunen gelähmt zu sein und verharrte in düsterem Schweigen. Wo blieben nun die zahlreichen Retter, die sich bis zum gestrigen Tag noch gemeldet hatten?

Charlemagne und ich waren keiner Bewegung fähig. Martin, der jünger und entschlossener war, trat vor, entblößte ehrfurchtsvoll sein Haupt und erklärte dem König, daß man ihm nach der Vorschrift und dem Brauch das Oberkleid abnehmen müsse.

›Das ist doch unnütz‹, antwortete Ludwig, ›man kann mit mir zu Ende kommen, wie ich hier stehe.‹

Aber mein Bruder bestand darauf und fügte hinzu, daß auch das Binden der Hände unerläßlich sei. Diese Mitteilung schien den König noch mehr zu empören und ließ ihn bis an die Stirn erröten.

›Ihr werdet es nicht wagen, die Hände an mich zu legen‹, antwortete er. ›Da, nehmt meinen Rock, aber rührt mich nicht an!‹«

Es war ein kritischer Augenblick, denn offenbar hatte niemand damit gerechnet, daß Ludwig XVI. noch im Angesicht des Todes auf der Einhaltung des alten Gesetzes bestehen würde, nach dem in Frankreich selbst bei schwersten Verbrechen verfahren wurde: Prinzen königlichen Geblüts, alle Mitglieder der königlichen Familie, durften sicher sein, daß Henker und Schergen sie nicht berühren würden, daß es gegen sie eine Blutgerichtsbarkeit gar nicht geben könne. Ebenso interessant ist, daß die Herren des Revolutionstribunals in diesem Augenblick die Henker sich selbst überließen. Sie hatten Ludwig zum Tod verurteilt und Sanson überantwortet – sollte er nun selbst sehen, wie er mit seiner Aufgabe zurecht kam. Charles-Henri bewies, daß er kein simpler Befehlsempfänger war, sondern sein Amt selbständig verwaltete. Während seine Brüder nun zu zweit auf den König einredeten, tat er das einzig Richtige: Er wandte sich an den Priester als jene Instanz, die der König auch in dieser Stunde noch anerkennen würde, und der Abbé brachte mit ein paar leisen Worten Ludwig dazu, daß dieser selbst seine Hände zum Binden ausstreckte. Aber nicht Sanson, sondern zwei seiner Gehilfen banden die Hände des Bourbonen ...

»Von dem Priester unterstützt, stieg der König langsam die Stufen zum Schafott hinauf.

›Wollen denn die Trommler gar nicht aufhören?‹ fragte er Charlemagne. Der aber zuckte nur die Achseln zum Zeichen, daß er dies nicht wissen könne.

Oben, auf der Plattform des Schafotts, trat der König auf jene Seite, wo er die dichtesten Haufen Volkes unter sich sah, und gebot durch eine Kopfbewegung den Trommlern Schweigen. Überrascht hörten sie tatsächlich für einen Augenblick auf, und der König sprach mit starker Stimme:

›Franzosen, ihr seht euren König bereit, für euch zu sterben. Könnte doch mein Blut euer Glück besiegeln! Ich sterbe ohne Schuld an all dem, dessen man mich anklagt ...‹

Er wollte noch mehr sagen, aber Santerre (*ein Brauer, damals Kommandant der Nationalgarde*) gab den Tambouren ein Zeichen, worauf die Trommeln wieder stärker zu rasseln begannen, so daß kein Wort mehr zu verstehen gewesen wäre.

Im nächsten Augenblick war der König auf das verhängnisvolle Brett gebunden, und als das Fallbeil herniederblitzte, konnte er noch die Stimme des Priesters vernehmen, der ihn bis auf das Schafott begleitet hatte: ›Sohn des heiligen Ludwig, steig auf zum Himmel.‹

So endete dieser unglückliche Fürst. Tausend entschlossene Menschen hätten ihn in diesen Augenblicken retten können, als sich im

Volk, wenn auch nicht unter der bewaffneten Mannschaft, das Mitgefühl zu regen begann. Das kleinste Zeichen hätte genügt, einen Stimmungsumschwung zu seinen Gunsten herbeizuführen, denn als mein Gehilfe Gros das unter dem Guillotinebeil gefallene Königshaupt hochhob und es der Menge zeigte, stießen nur einige Rasende ein Triumphgeheul aus; die Mehrzahl aber wendete sich schaudernd und tief zerknirscht ab.«

Wir haben Sansons Bericht so ausführlich wiedergegeben, weil er ein bemerkenswertes Dokument nicht nur zur Geschichte der Französischen Revolution, sondern vor allem zur Psychologie seines eigenartigen Berufes ist. Darüber hinaus aber schwingt in ihm ein einzigartiges Empfinden für den Vorgang selbst mit, denn nur für Charles-Henri Sanson ist das, was sich begibt, kein Schauspiel, kein erregendes Spektakel, sondern Beruf. Nur er fühlt, wie die Menge ringsum reagiert, er ahnt, was in ihr vorgeht, er erfaßt den sich anbahnenden Stimmungsumschwung mit dem sechsten Sinn des Scharfrichters, der weiß, daß seinesgleichen schon allzu oft von der launischen Menge zerrissen worden sind, wenn irgendein Umstand plötzliche Sympathien für den Delinquenten erweckte. So sehr er auch betont, daß sein Fühlen und Hoffen in diesem Augenblick dem unglücklichen König galt, so mag er doch in seinem Innersten auch Gott dafür gedankt haben, daß er den Nachfahren des heiligen Ludwig nicht auf die Knie niederdrücken und ihm mit einem Schwertstreich das Haupt vom Rumpf trennen mußte – denn diesmal hätte auch die sichere Hand von Charles-Henri Sanson gezittert und ein nur verletzter, nicht getöteter König hätte den Massensturm aufs Schafott ausgelöst, das kann als sicher gelten.

Es spricht sehr viel dafür, daß Charles-Henri Sanson die Hinrichtung Ludwigs XVI. ganz anders empfand als die der Marie-Antoinette. König und Königin waren für ihn, der bei seinem Tun immer einer starken Autorität bedurfte, durchaus verschiedene Wesen, ging es doch nicht um den Menschen, sondern um die Institution, nicht um Familienleben, sondern um das Königtum selbst als Hort der obersten irdischen Gerichtsbarkeit. Einen König hinzurichten, von dem er ein Leben lang die Befehle empfangen hatte, war ganz etwas anderes, als die Frau des Monarchen auf die Bascule zu schnallen. Nach Ludwigs Tod hatte Charles-Henri jenen lange geheimgehaltenen, von Balzac dann in einer bewundernswerten Erzählung der ganzen Welt mitgeteilten Gang zu einem der wenigen Priester getan, die ihrer Religion noch treu waren und dennoch in Paris zu bleiben gewagt hatten. Dort hatte Charles-Henri Sanson, der Henker, für eines seiner Opfer eine Sühnemesse bestellt, die zweifellos mehr der eigenen Entsühnung dienen sollte. Zum erstenmal hatte er, nach einem Leben unbeirrten Richtens, den Eindruck, daß er der Entsühnung nicht als Mensch, sondern als Scharfrichter bedürfe...

Das Ereignis, das Sanson so tief verstörte, nämlich die Hinrichtung eines Königs, brachte nicht nur der neuen Hinrichtungsmaschinerie der Doktoren Louis und Guillotin einen frühen Höhepunkt ihrer Karriere, sondern auch der Scharfrichterfamilie Sanson den Gipfel des Ruhms in ihrer fünften Generation. Sie sollte deren sieben erreichen, keine unübertroffene Zahl, wie wir aus der Geschichte deutscher Scharfrichtersippen wissen. Auch in Frankreich gab es Dynastien wie etwa die der Desfournaux, die als älter galten, und ebenso wie in Deutschland waren sie auch so ziemlich alle untereinander versippt: André Obrecht, der 1951 auf den letzten Desfournaux folgte, war mit ihm und dessen Vorgänger Anatole Deibler verwandt, und die Deiblers wiederum mit den Sansons, den Raseneux und vielen deutschen Sippen.

Jede dieser Familien hat ihren Platz in der französischen Revolutions- und Kriminalgeschichte, aber keine konnte im Interesse der

Welt die Familie Sanson verdrängen. Daran ändert sich auch durch den schnellen Niedergang nach dem Tode von Charles-Henri nichts.

Im April 1793 war Charles-Henri die Erleichterung zuteil geworden, daß man ihn, den von Gewissensbissen geplagten alten Henker, seines Amtes entband. Sein Sohn Henri (1767-1840) folgte ihm und wurde zum Henker nicht nur Marie-Antoinettes, sondern auch der nach Tausenden zählenden Guillotine-Opfer der sogenannten *Terreur*, der blutigsten Phase in der Französischen Revolution.

Nach Henris Tod jedoch waren der berühmten Dynastie nur noch sieben Jahre gegönnt, und es waren nach sieben Generationen sieben ruhmlose Jahre, in denen der letzte Sanson, ein hübscher und eleganter Mann mit den Vornamen Henri-Clément, sich auf eine Weise unter die Pariser Gesellschaft mischte, wie man es von Scharfrichtern bis dahin nie erlebt hatte. Er umgab sich mit einem Damenflor (wie sich ja das schwache Geschlecht stets für Hinrichtungen, Henker und Todeskandidaten besonders interessierte), verstand eine Menge von guten Weinen und besuchte mit Vorliebe jene Salons, in denen gespielt wurde. Die Schwierigkeiten, in die er sehr schnell geriet, die Schulden und Verstrickungen, die ihn sehr bald an der Ausübung seines verantwortungsvollen Amtes hinderten, erbrachten eine späte und gleichsam nachträgliche Rechtfertigung für die Isolierung der Scharfrichter in früheren Epochen. Ein Mann dieses Berufs lebte offenbar doch besser allein...

Sein Vater hatte bis zu seinem Todesjahr 1840 noch das große Haus in der Rue Neuve-Saint-Jean bewohnt, das ihm jedoch nicht mehr gehörte. Aus dem Umstand, daß er es verkaufen mußte, kann man auch auf einen finanziellen Niedergang schließen, denn der alte Charles-Henri galt noch als ziemlich vermögend. Das alte Henker-Haus, kurioserweise in unmittelbarer Nähe der nach einem Namensvetter benannten Rue Sanson gelegen, verschwand 1859, als der Boulevard de Magenta durchgebrochen wurde. Der letzte Sanson, der Tunichtgut Henri-Clément, wohnte zu dieser Zeit längst in einem bescheidenen Haus der Rue des Marais (Nummer 31 *bis*, 1860 abgerissen), an der Ecke der heutigen Rue Lucien Sampaix. Hierher kamen jene Besucher, die teils aus echtem Informationsbedürfnis, teils aus morbider Neugierde erregende oder unbekannte Einzelheiten über die vielen Hinrichtungen zu erfahren hofften. Einer der berühmtesten dieser Frager war Dumas père, die meisten aber waren ohne Ruhm und Verdienst, lediglich von der Tatsache angelockt, daß Henri-Clément wegen seiner ewig leeren Geldbörse zu allerlei Schabernack bereit war, den seine Vorfahren nie begangen hätten. Man durfte gegen entsprechendes Honorar nicht nur die Guillotine besichtigen, sondern sich wohl auch darauf schnallen lassen, worauf dann das Beil in sicherer Entfernung vom Kopf herniederfuhr und ein Strohbündel zerschnitt. Victorien Sardou, der Dramatiker, aber auch andere sollen den makabren Scherz gegen ein paar Goldstücke erprobt haben. So weit freilich, das berühmte ›kalte Gefühl im Nacken‹ zu verspüren, wie Doktor Guillotin es ausdrückte, ging keiner, und Selbstmorde mit der Guillotine wurden trotz Henri-Cléments Sorglosigkeit nicht bekannt.

Eines Tages aber war es auch um diese Einnahmequelle geschehen. Spiel, Frauen und Wein hatten die letzten Ressourcen des jungen Mannes erschöpft; sein Arbeitgeber betrachtete längst mit Mißtrauen das Gebaren Henri-Cléments, so daß auch an einen Vorschuß nicht zu denken war. Da wanderte die Guillotine ins Leihhaus, wohl als das seltsamste aller Versetzungsstücke und doch die sicherste Bürgschaft für den Geldverleiher: Als nämlich bald darauf eine Hinrichtung anberaumt wurde, als Henri-Clément »seine« Guillotine nur für einen einzigen Tag wieder zurückhaben wollte, da zeigte der Leihhausbesitzer sich hart. Sanson mußte der Justizbehörde beichten, die Guillotine wurde ausgelöst, Henri-Clément Sanson aber bekam am 18. März 1847 seine Entlassung ...

Seither handhaben andere das tödlich blitzende Instrument; an Scharfrichtern war kein Mangel, da in der französischen Provinz kaum noch hingerichtet wurde. Sie hatten ein ebenso dankbares Publikum wie die Sansons, die Pariser waren darin nicht kleinlich. Sie hatten sich nun einmal damit abgefunden, daß das große Spektakel binnen Sekunden vorüber war, daß es keine Fehlschläge mehr geben würde und schon gar nicht jenen stundenlangen Todeskampf, wie ihn noch Damiens vor aller Augen hatte erdulden müssen.

Die Zwischenfälle, zu denen es gelegentlich kam, blieben meist unbemerkt, denn anders als beim Schwertstreich konnten bei der Hinrichtung durch die Guillotine Helfer in genügender Zahl die Maschine umstehen. Selbst wenn ein Delinquent die verrückte Hoffnung hegte, sich durch das Zurückziehen des Kopfes retten zu können, waren die Henkersknechte nicht ratlos: Sie hielten das Opfer an den Haaren oder – wenn der Mann keine Haare hatte – an den Ohren fest, so daß er nicht durch die Lunette zurückrutschen konnte. Der Mann, der diese düstere Funktion ausübt, hat vom treffsicheren Pariser Ganovenwitz den Spitznamen *le photographe* erhalten, weil er die Gesichter in die richtige Position bringt.

Lange, erstaunlich lange wurde in Paris öffentlich gerichtet. 1889, mitten im Treiben der Weltausstellung, gab es eine Doppelhinrichtung, zu der Cooks renommiertes Reisebüro nicht weniger als sieben große Omnibusse – natürlich mit Pferden bespannt – entsandte. Und ein halbes Jahrhundert darauf, am Vorabend des Zweiten Weltkrieges, kam es noch einmal zu einer öffentlichen Hinrichtung, nicht mehr in Paris, sondern in Versailles, unter der wohlgelaunten Assistenz einer unübersehbaren Menschenmenge. Weidmann, um den es ging, soll schon die ganze Nacht vor der Hinrichtung das Treiben der Wartenden gehört haben, der kampierenden Familien, die tranken und Karten spielten, um sich die Zeit – Weidmanns letzte Stunden – zu vertreiben.

Heftige Kritik, vor allem in der Presse, konnte nicht ausbleiben. Die Hinrichtungen seither bieten kein Schauspiel mehr, zumindest nicht der Menge, sondern nur einem kleinen Kreis beruflich zur Teilnahme verpflichteter Personen und einer meist sehr strengen Auswahl aus der Schar der Reporter. Selbst der Delinquent wird seither geschont, nicht nur in Frankreich, sondern in den meisten Kulturstaaten, zumindest dann, wenn es sich nicht um einen Gesinnungsgegner handelt. Politische Verbrecher werden leider noch immer und fast überall wesentlich schlechter und bisweilen sogar ausgesprochen gehässig behandelt; selbst dem gemeinsten Schwerverbrecher, Massenmörder oder Notzüchter steht der Staat heute mit einer gewissen humanen Indifferenz gegenüber, dem sogenannten Staatsfeind niemals.

Die Volksfest-Hinrichtung, wie sie das alte Rom kannte, wie sie im Mittelalter die Regel war und wie sie heute noch gelegentlich in Staatswesen des Vorderen Orients vorkommt, dürfte aus dem Leben des Volkes für immer verschwunden sein. Selbst nach den zweifellos verrohenden Einflüssen des Zweiten Weltkriegs, in den Jahren 1944 und 1945, wurden die zahlreichen Hinrichtungen der Nazijustiz und der Kriegsgerichte ohne Zuschauer durchgeführt.

Der zum Tode Verurteilte genießt, vermutlich ohne sie recht zu würdigen, die zum Ritual abgezirkelten Wohltaten einer sehr speziellen Fürsorge, die bei Zigaretten, angenehmer Kleidung und Wunschmahlzeiten beginnt und sich bis zu tiefenpsychologischen Lockerungsübungen, Schallplatten, Radio und Fernsehen erweitert. Im Augenblick der letzten Schritte ist er gleichwohl in derselben Situation wie in früheren Jahrhunderten, bis auf die glühenden Zangen, mit denen viele Verurteilte vormals auf dem Weg zum Rabenstein gezwickt wurden. Ein sympathisch sensibler, vom Beruf noch nicht abgehärteter Reporter hat uns solch eine moderne Hinrichtung geschildert, den Tod eines Mannes, dem man dreizehn Morde nachgewiesen hat, der aber mit mehr als zweihundert verschwundenen Frauen in Verbindung gebracht wird, den Tod des Henri Désiré Landru:

»In der Nacht zum 24. Februar 1922«, schreibt Webb Miller in seinem Erinnerungsbuch *I found no Peace*, »bestieg ich mit einem halben Dutzend französischer Journalisten die Schnellbahn nach Versailles. Wir gingen zum Gerichtsgebäude, erhielten die Ausweise... und kehrten mit fünf Flaschen Cognac ins Hotel zurück, um den Morgen zu erwarten.

Gegen vier Uhr morgens brachte jemand die Nachricht, daß Monsieur Deibler, der berühmte Henker, der alle Hinrichtungen in Frankreich ausführt, mit seinem Apparat eingetroffen sei. Anatole Deibler war ein scheuer, versonnener, ziegenbärtiger Mann. Er hatte bereits dreihundert Hinrichtungen vorgenommen. Sein Gehalt betrug 18 000 Franken im Jahr. Er litt an Herzschwäche und konnte keine Treppen hinaufgehen, aber dies hing offenbar nicht mit seinem grauenhaften Beruf zusammen. Er lebte unter dem Namen Monsieur Anatole in einem kleinen Haus in der Nähe von Versailles, verkehrte sehr wenig mit seinen Nachbarn und führte ein zurückgezogenes Leben. Die Guillotine stellte er in einem Schuppen außerhalb des Hauses ab. Bei Hinrichtungen trug er lange weiße Handschuhe und einen weißen Staubmantel.

Wir eilten zum Gefängnis. Vierhundert Soldaten hatten die Straße an beiden Enden abgesperrt und ließen nur die Besitzer der kleinen grünen Karten durch. Nach französischem Gesetz müssen Hinrichtungen vor den Toren des Gefängnisses auf offener Straße vorgenommen werden. Ein paar Arbeiter errichteten auf dem nassen Pflaster, unmittelbar neben den Straßenbahnschienen und nur wenige Schritte vom Tor des Versailler Gefängnisses entfernt, rasch die Guillotine. Zu dieser Zeit war es noch vollkommen dunkel. Die altmodischen Lampen der Arbeiter, in denen Kerzen flackerten, und die wenigen elektrischen Straßenlaternen warfen ein spärliches Licht. Nachdem die gräßliche Maschine aufgebaut war, justierten die Arbeiter sie mit einer Wasserwaage, wie sie die Zimmerleute benutzen.

Die ersten hellen Streifen des frostigen Februarmorgens zeigten sich im Osten, als ein geschlossener Kastenwagen, von Pferden gezogen, wenige Schritte neben der Guillotine hielt. Deiblers Gehilfen, in gewöhnliche Arbeitskittel gekleidet, hoben zwei Weidenkörbe vom Wagen. Den kleinen, runden Korb stellten sie vor die Maschine, vermutlich an die Stelle, wo der Kopf fallen würde. Den anderen von der Größe und Form eines Sarges stellten sie dicht neben die Guillotine; er war für den Rumpf bestimmt. Die absperrenden Soldaten hielten eine Straßenbahn an, die Arbeiter zu ihren Fabriken brachte. Nach kurzer Unterhandlung ließen sie den Wagen durchfahren. Er rumpelte wenige Schritte an der gräßlichen Maschine vorbei, und erschrockene Gesichter starrten durch die Fensterscheiben.

Die Guillotine wurde einer letzten Prüfung unterzogen. Deibler öffnete die Lunette, das halbmondförmige Holzbrett, das Landrus Nacken umschließen sollte. Dann schloß er sie wieder, und das schwere Messer sauste von der Höhe des Gerüstes herab und schlug mit einem Krach auf, der die ganze Maschine erschütterte. Die Lunette und das Messer wurden wieder hochgezogen. Alles war fertig.

Unvermittelt schlugen die großen, hölzernen Tore des Gefängnisses auf. Die Zuschauer schwiegen gespannt. In schnellem Schritt traten drei Gestalten heraus. Zwei Gefängniswärter hielten Landru an den Armen, die auf dem Rücken gefesselt waren. Sie stützten ihn und schoben ihn mit großer Eile vorwärts. Seine nackten Füße tappten über die kalten Pflastersteine, seine Knie schienen den Dienst zu versagen. Sein Gesicht war wächsern und blaß, und als sein Blick auf die gräßliche Maschine fiel, wich die letzte Farbe aus seinen Zügen.

Die beiden Gefängniswärter drückten sein Gesicht mit einer raschen Bewegung gegen das senkrechte Brett. Es kippte um, und er rutschte mit seinem Körper nach vorn. Das halbmondförmige Brett umschloß seinen Nacken, und im Bruchteil einer Sekunde sauste das Messer herab. Mit einem dumpfen Aufschlag fiel der Kopf in den kleinen Korb...

Als Landru im Gefängnistor erschien, hatte ich auf die Uhr gesehen. Jetzt sah ich wieder nach. Genau sechsundzwanzig Sekunden waren vergangen.«

Man kann die Begegnung des archaischen Vorgangs mit der modernen Großstadt, das Fallbeil neben den Tramwayschienen, als einen Anachronismus auffassen, man kann aber die Umstände dieser Hinrichtungen auch als relativ nebensächlich abtun. Sicher ist, daß das eigentliche Problem des Hinrichtungstodes auch durch die schnelle und schmerzlose Arbeit der Guillotine nicht gelöst wurde und werden konnte, durch die Guillotine ebensowenig wie durch andere Maschinerien und Vorrichtungen. André Cayatte hat es uns in seinem unvergeßlichen Film *Nous sommes tous des Assassins* (Wir sind alle Mörder) ins Bewußtsein geprägt: Die Hammerschläge beim Aufstellen der Guillotine, die Ausbreitung der Nachricht im ganzen Gefängnis, das Schreien und Türenrütteln der Tausende als machtloser Protest aller Insassen, obwohl nur einer, ein einziger unter ihnen allen, für die Maschine bestimmt ist, die eben im Morgengrauen hastig und fachmännisch funktionsfähig gemacht wird. Es wird Terror im alten Wortsinn bleiben, Schrecken, gegen den keine Vernunft hilft. Denn so schnell der Stahl auch herniedersaust, so sehr der Übergang verkürzt wird – das Vorher und das Nachher, die beiden großen Fragen dieser gewaltsamen Lebensvernichtung, haben auch die beiden klugen Ärzte aus der Französischen Revolution nicht versöhnlich beantworten können.

Israel ex. cum Priuil Reg.

Ceux qui pour obeir a leur mauuais Genie   Ne se plaisent qu'au mal
Manquent a leur deuoir, vsent de tyrannie,   Et sont les actions plein

Produisent dans le Camp mil sanglans vacarmes
Sont ainsi chastiez et passez par les armes .

Stromtod und Gaskammer

Die Französische Revolution wird im allgemeinen als jenes Ereignis angesehen, das die sogenannte, schon mit Kolumbus anhebende Neuzeit noch einmal unterteilt und die neueste Zeit, unsere unmittelbare Vergangenheit, einleitet. Im Bereich der Rechtsgeschichte freilich hat Kolumbus das Mittelalter nicht beenden können; wir besitzen noch aus dem achtzehnten Jahrhundert Berichte von Hinrichtungen, die sich an Grausamkeit mit den Schlächtereien früherer Zeiten durchaus messen können, und das Strafmaß, das für das häufige Delikt des Diebstahls den Strang bestimmte, war durchaus noch nicht die absurdeste Härte: Es gab Staaten, in denen nicht etwa die Herstellung, sondern das bloße Lesen von unzüchtigen Schriften mit der Todesstrafe bedroht wurde. Bei den heutigen Millionenauflagen einiger Herrenmagazine könnte man dieses Delikt nur dann in alter Weise bestrafen, wenn man zu ganz neuen Hinrichtungsmethoden, etwa mittels Atombomben, überginge.

Der in den letzten zweihundert Jahren zu beobachtende Rückgang in der Zahl der Hinrichtungen hat sehr verschiedene Ursachen und ist nur zum Teil auf den Einfluß jener humanitären Strömungen zurückzuführen, die seit der Mitte des achtzehnten Jahrhunderts langsam gegen Absolutismus, Monarchenwillkür und Untertanennaivität Raum gewannen. Die Verfeinerung der kriminalistischen Methoden begünstigte nicht nur die Polizeiarbeit, sondern auch den Verbrecher. Es war nun nicht mehr nötig, sie zu brandmarken, man führte Karteien. Der Mann, der vor den Richter trat, begann Gesicht und Gestalt zu gewinnen, und mit dem langsam ansteigenden Bildungsniveau kam es auch immer häufiger vor, daß er nicht nur das Gericht, sondern auch die Öffentlichkeit für sein Schicksal und

seine Person zu interessieren vermochte. Die mittelalterliche Schnelljustiz, das Greifen und Hängen, wie es mangels besserer Unterrich-
tung jeder kleine Graf in seinem Herrschaftsbereich üben durfte,
wich nach und nach der zentral gelenkten Polizeimaschinerie. Konnte man Männern wie dem Grafen Franz Ludwig Schenk von Kastell,
genannt der Malefizschenk oder der Henkersgraf von Oberdischin-
gen, auch noch die persönliche Integrität und grundehrliches Gerech-
tigkeitsstreben glauben, begingen andererseits die ersten großen Po-
lizeiapparate wie der französische und der österreichische auch noch
die furchtbarsten Fehler und Ungerechtigkeiten, so war es doch klar,
daß der Fortschritt in der Rechtspflege nicht von unten, von den re-
gionalen Gerichten, sondern nur von oben kommen konnte.

Unter dem Einfluß des Wiener Rechtsgelehrten Josef von Son-
nenfels, den wiederum der Marchese Beccaria angeregt hatte, war
schon die sonst so gestrenge Maria Theresia in dem einen Punkt,
nämlich in bezug auf die Todesstrafe, erstaunlich milde geworden und
hatte sie nur noch sehr selten vollziehen lassen. Ihr Sohn Joseph II.
setzte den Vollzug der Todesstrafe zunächst aus und schaffte sie in
dem neuen Strafgesetzbuch von 1787 vollends ab. (Es blieb Kaiser
Franz, dem angeblich so gütigen Monarchen, vorbehalten, sie 1795
für Hochverrat und 1803 für vier weitere Tatbestände wieder ein-
zuführen.) Von Napoleon I., der die Menschen auf den Schlacht-
feldern zu Tausenden in den Tod schickte, ist bekannt, daß er Todesurteile nur höchst widerwillig und nur nach langem Zaudern
unterschrieb. Las Casés erzählt in seinem *Memorial*, daß sich »der
Kaiser mit seinem ganzen Staatsrat herumstritt, um einer gewöhnlichen Frau aus Amsterdam, von deren Schuld er nicht überzeugt
war, gesetzlich das Leben zu retten«. Selbst Katharina die Große,
die in vielen Krisen ihres Regimes durchaus nicht zimperlich, sondern mit rücksichtsloser Energie handelte, überschrieb ihre Instruk-
tion für den Entwurf eines neuen Gesetzbuches mit der Maxime

»In dem gewöhnlichen Zustand eines Gemeinwesen ist der Tod eines Bürgers weder nützlich noch nötig«, das heißt, sie behielt sich, wie die meisten Monarchen, für den Fall des Ausnahmezustands zwar auch die Todesstrafe vor, war aber der Meinung, daß sie in normalen Zeiten entbehrlich sei.

Napoleon, Joseph II. und die große Katharina auf der einen, Kaiser Franz und der dicke König von Württemberg mit seinem Foltergesetz von 1810 auf der anderen Seite! Die Partei der beschränkten Monarchen war dennoch bis 1848 noch stark genug, den Fortschritt aufzuhalten, ihn nicht Gesetz werden zu lassen. In der Rechtspraxis aber wurden die Todesstrafen doch immer seltener. Unter Heinrich VIII. waren in England binnen achtunddreißig Jahren noch 72 000 Menschen hingerichtet worden, unter Elisabeth I., die allerdings sieben Jahre länger regierte, gar 89 000. Im neunzehnten Jahrhundert waren aus diesen Hekatomben schon Zahlen geworden, die publiziert und diskutiert werden konnten. Nach einer Übersicht, die Moreau de Jonnès 1838 in Paris veröffentlichte, kam in England im ersten Drittel des neunzehnten Jahrhunderts eine Hinrichtung jährlich auf 153 000 Einwohner, in Österreich auf 700 000, in Frankreich auf 1 100 000 und in Preußen auf 1 200 000. Hundert Jahre später, im letzten Friedensjahr 1913, wurden im Deutschen Reich nur noch 47 Todesurteile gefällt, von denen man 26 vollstreckte, in Frankreich 10 von 24, in England und Wales 16 von 28 Todesurteilen. Selbst im strengen Britannien war also die Zahl der Hinrichtungen auf kaum ein Fünftel der Ziffern vom Beginn des neunzehnten Jahrhunderts zurückgegangen. Mit anderen Worten: Die Todesstrafe war zwar noch nicht abgeschafft, aber die Grundsätze der Strafbemessung hatten sich soweit gewandelt, daß sie nur noch für besonders schwere Fälle in Anwendung kam und für das Volksleben viel von ihrer Furchtbarkeit verloren hatte.

Parallel mit dieser Entwicklung lief die Tendenz, den Vollzug der Todesstrafe selbst möglichst schmerzlos zu gestalten und dem Delinquenten die Pein der letzten Augenblicke soweit zu ersparen, als dies unter den gegebenen Umständen überhaupt möglich war. Die Verfechter dieser Bestrebungen gingen soweit, eine Einschläferung des Delinquenten durch tödliche Narkotika zu fordern. Daß es bisher in keinem Staat der Erde dazu gekommen ist, dürfte nicht nur darauf zurückzuführen sein, daß dazu die Mitwirkung von Ärzten nötig ist, die sich aus Gründen der Standesehre nicht dafür hergeben würden. Eine Injektion, die den Massenmörder ins Jenseits befördert, ist bisher erst in utopischen Rationalstaaten der Dichterphantasie aufgetaucht; im schweren Kampf der Polizei gegen das organisierte Verbrechertum wäre sie zweifellos ein zu schwacher Schlußpunkt.

Die modernsten Formen des Strafvollzugs, die Neuerungen in diesem uralten Bereich, sind bisher ausschließlich in den Vereinigten Staaten Wirklichkeit geworden. Die übrigen Staaten kommen mit Strang, Schwert, Fallbeil und Erschießen aus. Aber selbst innerhalb des Nordamerikanischen Staatenbundes sind die Meinungen über die Vorzüge der neuen Hinrichtungsmethoden, des elektrischen Stuhls und der Blausäurekammer, offensichtlich geteilt.

Neun Staaten und zwei Territorien der USA haben die Todesstrafe überhaupt abgeschafft (in zeitlicher Reihenfolge: Michigan, Rhode Island, Wisconsin, Maine, Minnesota, North Dacota, Delaware, Alaska, Hawaii, Puerto Rico und Virgin Islands). Andere Staaten hatten mit der Abschaffung der Todesstrafe entweder keine guten Erfahrungen gemacht oder sie aus innerpolitischen Gründen wieder eingeführt (Kansas, Iowa, Colorado, Washington, Oregon, Arizona, Missouri und Tennessee). South Dakota hatte die Todesstrafe 1915 abgeschafft und 1939 wieder eingeführt, allerdings ohne die Budgetmittel für den elektrischen Stuhl einzuplanen...

Man sieht, ein buntes Bild, in das die neuen Maschinen für den Hinrichtungsvorgang mitunter überraschende Akzente setzen, so daß die europäische Fachkritik jahrzehntelang der Meinung war, Amerika müsse eben um jeden Preis auch auf diesem Gebiet etwas Besonderes, etwas Neues haben, durch das eine eigene, spezifisch amerikanische Tradition geschaffen werde, da man den indianischen Marterpfahl nun einmal nicht übernehmen konnte. Aber man muß zugeben, daß in der Hand gut ausgebildeter, auch psychologisch geschulter Gefängnisdirektoren diese neuen Instrumente der Justiz dem ganzen Begriff Hinrichtung einen neuen Inhalt gegeben haben. Des archaischen Schreckens entkleidet, aber mit der trivialen Nüchternheit der vollkommenen Technisierung, auch ohne Aura, ohne Weihe zur bloßen Prozedur abgesunken, nähert sich zum Beispiel die Hinrichtung in der Blausäurekammer schon weitgehend einem simplen biologischen Reinigungsprozeß, der mit der Todesstrafe im klassischen Sinn nichts anderes mehr gemeinsam hat als das Verschwinden des Täters aus der menschlichen Gesellschaft, die Nichtwiederkehr, die Ausmerzung:

»Die achteckige Gaskammer befand sich im äußersten Flügel von San Quentin und wirkte kalt und abstoßend«, schreibt Clinton T. Duffy in seinem erschütternden Buch *Exekution*. »So müssen die Folterkammern des Mittelalters ausgesehen haben. Der Scharfrichter stand vor der Tür zum Mischraum, dem winzigen Kämmerchen, in dem die chemischen Substanzen aufbewahrt und gemischt werden. Er meldete mir, daß die Vorbereitungen abgeschlossen seien – ›Alles fertig, Direktor‹.

›Gut‹, erwiderte ich. Meine Stimme klang brüchig. Ich ging noch einmal hinüber zu (*Everett Gilbert*) Parman. Als ich die Todeszelle betrat, stand er gebeugten Hauptes neben dem Geistlichen und betete. Ich wartete schweigend, selbst in stilles Gebet versunken. Als Parman wieder aufsah, erblickte er mich und erkundigte sich:

›Was muß ich tun, wenn ich da 'reinkomme, Direktor?‹

›Lehnen Sie sich am besten möglichst weit zurück‹, erklärte ich ihm, ›und wenn Sie die ersten Augenblicke noch für ein kurzes Gebet brauchen, dann schauen Sie anschließend zu mir herüber. Ich stehe links von Ihnen. Wenn ich Ihnen dann zunicke, dann atmen Sie, so tief Sie können. So ist es am leichtesten und geht am raschesten vorüber.‹

›Dauert es lange?‹

›Nur ein paar Sekunden, nicht länger‹, tröstete ich ihn.

Dann gab ich ihm die Hand zum Abschied und ging zurück an meinen Platz neben dem Scharfrichter. Um dem Verurteilten den Anblick des Scharfrichters während der letzten Augenblicke zu ersparen, hatte ich vor dem Fensterteil eine Zugjalousie anbringen lassen, die schon heruntergelassen war und durch ihre schrägen Blenden zwar dem Scharfrichter ermöglichte, in das Innere der Gaskammer zu sehen, nicht jedoch dem Verurteilten, den Mann hinter dem Fenster zu erkennen.

Inzwischen hatten sich die Zeugen eingefunden. Von meinem Platz aus konnte ich trotz der doppelten Glasscheiben alles gut übersehen. Die Mehrzahl der Zeugen sah lediglich den Rücken des Verurteilten, da die beiden Stühle in der Gaskammer den Zeugen nur die Rücklehne zuwandten. Der Scharfrichter hatte seinen Platz rechts von mir, der Arzt zu meiner Linken. Dort war das Klappenventil angebracht, durch das der Arzt das Herz des Verurteilten abhören konnte. Die Uhrzeiger schoben sich auf zehn. Die Gaskammer wurde auf undichte Stellen überprüft. Punkt zehn sagte der Scharfrichter: ›Alles in Ordnung, Direktor. Es ist soweit.‹ Ich warf einen Blick zu Charlie White hinüber, der am Telefon geblieben war, um mir sofort ein Zeichen geben zu können, wenn doch noch die Nachricht eines Hinrichtungsaufschubs aus Sacramento käme. Unsere Blicke trafen sich. Er schüttelte den Kopf. Nach einem letzten Blick auf die Uhr – es war dreißig Sekunden nach zehn – gab ich das Zeichen.

Everett Gilbert Parman kam in Begleitung des Kaplans; er betrat allein die Kammer und wurde auf dem Stuhl festgeschnallt. Die Handgelenke hatte man schon vorher gefesselt. Die Handschellen wurden wieder abgenommen, als der Delinquent auf dem Stuhl saß... Dann befestigte man das Stethoskop an dem Gurt, der um den Oberkörper geschnallt war, und verband es mit Hilfe eines Verbindungskabels mit dem Schalter am Klappenventil... Ich sah, wie eine der Wachen Parman einen freundschaftlichen Klaps auf das Bein gab und hörte, wie er ihm alles Gute wünschte. Parman murmelte einen Dank. Als die Wachen die Gaskammer verlassen hatten und die Tür abgedichtet worden war, befahl ich dem Scharfrichter, mit der Hinrichtung zu beginnen.

Er betätigte den Hebel, der die Luftdruckverhältnisse in der Gaskammer reguliert, und ließ dann die schwefelige Säure in die unter dem Stuhl eingelassenen Vertiefungen laufen. Parman hatte seinen Kopf im Gebet tief geneigt, es war sein letztes Gebet; dann sah er zu mir herüber. Er versuchte sogar, ein wenig zu lächeln. In diesem Augenblick löste eine Hebelbewegung die Gazebeutel, so daß sie mit ihrem Inhalt, dem Zyankali, in die schwefelige Säure eintauchten.

Sofort entwickelten sich die giftigen Schwaden, die nun wie weißliche Nebel aufstiegen. Als die Dämpfe Parmans Schultern erreicht hatten, nickte ich ihm zu. Er lehnte seinen Kopf weit zurück, schloß die Augen und atmete tief ein. Dann wurde der Körper plötzlich heftig geschüttelt, der Kopf zuckte hin und her. Diese Zuckungen hielten einige Minuten lang an, aber Parman war bereits in tiefer Bewußtlosigkeit und empfand keinen Schmerz mehr. Ich blickte zum Arzt hinüber, der den Herzschlag beobachtete. Endlich gab er mir zu verstehen, daß Parmans Herz aufgehört hatte zu schlagen.

184

›Es ist vorbei‹, sagte er leise, ›der Tod trat dreizehneinhalb Minuten nach zehn Uhr ein.‹«

Statt der verbundenen Augen die Rolljalousie, statt des Richtschwertes die Gazebeutelchen mit dem tödlichen Gift, statt des Pfahls durch das Herz das Stethoskop, aber ein Todeskampf von dreizehneinhalb Minuten in angeblich tiefer Bewußtlosigkeit. Ist damit die Todesstrafe tatsächlich auf die Todesangst reduziert, wie ihre modernen Verfechter immer wieder behaupten?

Auch der einst so frenetisch begrüßte elektrische Stuhl, eines der Hauptargumente der Amerika-du-hast-es-besser-Schreier, vermag diesen Verdacht nicht zu entkräften. Während acht Staaten der USA sich zur Hinrichtung in der Blausäurekammer bekennen, haben sich nicht weniger als dreiundzwanzig zu der Anschaffung jener aufwendigen Tötungsmaschine entschlossen, die ausgerechnet mit der elektrischen Energie, einer der als besonders launisch bekannten Kraftquellen, einen schnellen und schmerzlosen Übergang in die andere Welt bewerkstelligen will.

Der erste Stromstoß soll im allgemeinen 10 000 Volt Spannung haben, doch läßt sie sich, wenn es sich als notwendig herausstellen sollte, durch einfache Zuschaltung bis auf 30 000 Volt steigern. Aber auch mit der Spannung ist es noch nicht getan; es ist bekannt, daß man sehr hohe Spannungen ertragen kann, wenn die effektive Stromstärke ihr nicht angemessen ist, und man weiß auch, daß Menschen sehr unterschiedlich auf Stromstöße reagieren. Bei der Hinrichtung des Mörders Henry White im Staate Ohio stellten die anwesenden Ärzte jedenfalls fest, daß sein Herz nach dem ersten Stromstoß noch regelmäßig schlug. »Daraufhin wurde beschlossen, die Stromstärke zu verdreifachen. Als diese eingeschaltet wurde, schlugen helle Flammen aus dem zuckenden Körper Whites hervor, und der Geruch des verbrannten Fleisches füllte das Hinrichtungszimmer. Nach mehreren Sekunden wurde der Strom ausgeschaltet. Der Tod war nicht durch den elektrischen Schlag, sondern durch Verbrennung eingetreten.«

Aber selbst der normale Verlauf vermag, auf der Ebene unserer Zivilisation, durchaus den Vergleich mit den Hinrichtungs-Schaustellungen des Mittelalters auszuhalten. Die erste Station ist die Prüfung der komplizierten Apparatur durch den Scharfrichter, der zu diesem Zweck ein großes Stück Rindfleisch von den Strömen durchjagen läßt. Das hält aber die Strafgefangenen, die von solch einer Probe Wind bekommen, nicht davon ab, sich den meist fünfzehn Pfund schweren Fleischbrocken als Aufbesserung ihrer Mahlzeiten auszubitten. Danach muß der Henker sich möglichst diskret mit dem Delinquenten beschäftigen, sein Gewicht und sein Verhalten studieren, sich auf etwa mögliche Schwierigkeiten vorbereiten. Und endlich, wenn es soweit ist, wird er ihm das rechte Hosenbein aufschlitzen oder, wenn es sich um eine Frau handelt, den Strumpf am rechten Bein herunter rollen, um die Elektroden dort anlegen zu können.

Geht alles gut, so ergibt sich ein Bild, das ein Augenzeuge wie folgt beschreibt:

»Der Strom wird eingeschaltet... ein Summen... die Glieder des Delinquenten fliegen auf und nieder. Die Adern schwellen zum Bersten. Krachend fährt der Körper in die Riemen, als wolle er sie sprengen. Die Gurte ächzen, Dampf steigt vom Kopfe auf, von den bloßen Knien, die sich blau und schwarz färben. Die Lippen werden schwarz, Schaum bricht hervor« (Mungenast).

Und im Endergebnis ist alles wie bisher: Der Delinquent leidet die Qualen der Todeserwartung, er leidet während der Hinrichtung, und er ist auch dann nicht wieder zu erwecken, wenn sich seine Unschuld einwandfrei herausgestellt hat. Einzig die Telefonleitung, die direkte Leitung zwischen dem Gouverneurs-Schreibtisch und dem Exekutionsraum, kann als ein unbestreitbarer Fortschritt gegenüber jenen Zeiten bezeichnet werden, da man noch sehnsüchtig nach jenem reitenden Boten Ausschau hielt, der so oft zu spät kam.

In den Fällen Sacco und Vanzetti, Chessman und vielen anderen hat dieses Telefon das Leben der Angeklagten um Jahre verlängert, Lebensjahre, um die sie kaum jemand beneiden wird, die aber immerhin der Verteidigung eine Möglichkeit boten, neues Material zu sammeln. Ob diese Chance freilich aufgewogen wurde durch die vielfach ausgestandene Todesangst vor den wiederholt angesetzten Hinrichtungsterminen? Ob diese Todesangst selbst dadurch geringer war, weil sie bis zum letzten Augenblick auf den rettenden Anruf hoffen durften oder doch hofften?

»Die Zeugen versammelten sich eine Stunde vor Mitternacht im Zimmer des Direktors«, schreibt Louis Stark in der *New York Times* vom 23. August 1927, »dort wurden sie über ihre Aufgabe unterrichtet. Um 23 Uhr 38 wurden alle Personen, die nicht zu den gesetzlichen Zeugen gehörten, gebeten, das Zimmer des Direktors zu verlassen. Unter Führung von Direktor Hendry gingen die Zeugen zum Rundbau des Gefängnisses hinüber. Er klopfte dreimal an die innere Tür, und ein Schlüssel drehte sich von innen im Schloß. In diesem Augenblick stürzte Mr. Musmanno (*der Rechtsanwalt*) atemlos auf die Gruppe zu.

›Bitte, Direktor!‹ sagte er, ›eine letzte Bitte!‹

›Nein, nein!‹ sagte Direktor Hendry ernst und unwillig über diese Störung in letzter Minute. Mr. Musmanno wandte sich weinend ab. Er hatte ein Buch, das Vanzetti ihm als Abschiedsgeschenk geben wollte, am Nachmittag abgelehnt, weil er geglaubt hatte, die beiden Männer noch retten zu können.

›Ich wollte sie nur noch einmal sehen!‹ sagte Musmanno, tränenüberströmt.

Die Zeugen betraten die Todeskammer und nahmen ihre Plätze ein. Dann wurde als erster Madeiros hereingeführt. Er ging frei, von zwei Aufsehern begleitet, und wurde um o Uhr o3 im elektrischen Stuhl festgeschnallt. Um o Uhr o9 erklärten die Ärzte seinen Tod...

Sacco, dessen Zelle nicht weit von der Madeiros' entfernt lag, war der nächste. Ein Schließer öffnete die Tür. Sacco war bereit. Bleich von der langen Haft und wortlos nahm er seinen Platz zwischen den Aufsehern ein. Langsam, aber mit aufrechter Haltung, ging er die siebzehn Schritte bis zur Todeskammer. Er nahm keine Hilfe in Anspruch und setzte sich allein auf den elektrischen Stuhl. Als die Aufseher fertig waren, rief er in italienischer Sprache:

›Lang lebe die Anarchie!‹

Auf englisch sagte er noch:

›Lebt wohl, meine Frau, mein Kind und alle meine Freunde!‹

Sacco hatte zwei Kinder: Dante, vierzehn Jahre, und Inez, sechs Jahre alt. Seine mangelhafte Beherrschung der englischen Sprache und die Erregung des letzten Augenblicks mochten zu dem Lapsus geführt haben. Danach sagte er mühsam: ›Guten Abend, meine Herren‹, und seine letzten Worte waren: ›Leb wohl, Mutter.‹

Direktor Hendry wartete, bis Sacco offensichtlich zufrieden war und nichts mehr zu sagen wünschte. Dann gab er das Zeichen. Sacco wurde von den Ärzten um o Uhr 19 für tot erklärt.

Nun öffnete der Schließer Vanzettis Tür. Er war gleichfalls ruhig, gab den beiden Aufsehern zum Abschied die Hände und ging ohne Eile, aber auch nicht langsam, zwischen ihnen. Er hatte einen etwas längeren Weg als Sacco. Am Eingang der Todeskammer schüttelte er Direktor Hendry die Hand und sagte:

›Ich möchte Ihnen für alles danken, was Sie für mich getan haben, Direktor.‹

Vanzetti sprach englisch. Seine Stimme war während der ganzen

Zeit ruhig. Sie schwankte keinen Augenblick. Dann sagte er, an die Zeugen gewendet:

›Ich möchte Ihnen sagen, daß ich unschuldig bin und daß ich nie irgendein Verbrechen begangen habe, nur einige Male ein paar kleinere Sünden... Ich bin ein unschuldiger Mann.‹

Dann sprach er seine letzten Worte:

›Ich möchte den Menschen vergeben, die mir dieses angetan haben.‹

Vanzetti betrat die Todeskammer um o Uhr 20 und wurde von den Ärzten um o Uhr 26 für tot erklärt.«

Im Augenblick, da die beiden Italiener starben, gab es vielleicht noch ein paar hundert Menschen, die tatsächlich an ihre Schuld glaubten. Ein paar tausend anderer sagten sich, so wie es sich ein Teil der Geschworenen gesagt hatte: Anarchisten sind sie auf jeden Fall, das haben sie zugegeben, und wenn sie auch die South-Braintree-Morde nicht auf dem Gewissen haben, den Tod verdienen sie schon als Umstürzler. Weder Indizien noch Beweise hatten die beiden auf den elektrischen Stuhl gebracht, sondern die spezifische Stimmung eines Landes, in dem die eingewanderten Italiener nun einmal eine besondere Rolle innerhalb der Verbrecherwelt spielen. Heute ist diese Stimmung weitgehend abgeflaut; die Zeiten Al Capones und Lucky Lucianos sind vorüber, und die modernen Gangstersyndikate sehen den Mord als eine Panne an, die obendrein wenig einbringt. Sacco und Vanzetti aber sind tot, kein noch so feierlicher Freispruch könnte sie wieder ins Leben zurückholen. Die Justiz, die sie in den Tod schickte, ist bei aller Macht doch ohnmächtig, wenn es darum geht, ihren eigenen schwersten Fehler zu korrigieren: den Justizmord.

Als wenige Jahre nach diesen Hinrichtungen Upton Sinclair sein großes Buch *Boston* publizierte, war die Parallele mit einem anderen Justizirrtum, den ebenfalls Atmosphäre und Zeitstimmung begünstigt hatten, vollkommen: mit der Affaire Calas, dem grauenhaften Justizmord an dem Kaufmann Jean Calas aus Toulouse, der beschuldigt wurde, seinen Sohn erhängt zu haben, damit dieser nicht zur katholischen Religion übertreten könne. Am 9. März 1762 starb Calas auf dem Rad, seine Familie wurde gefangengesetzt und zum Teil in Strafklöster geschickt, sein Vermögen eingezogen – bis es der Witwe gelang, Voltaire für den Prozeß zu interessieren. Die brillante Polemik der Schrift *Sur la tolérance à cause de la mort de Jean Calas* bewirkte die Revision, und 1765 wurde Calas als unschuldig erklärt, sein Vermögen freigegeben, seine Familie rehabilitiert. Damit war offenbar, daß aus purem Religionshaß, aus einem jener Fanatismen, die seit jeher die Vernunft getrübt haben und sie weiterhin trüben werden, ein völlig schuldloser Mensch den grausamsten Tod sterben mußte, den die Rechtsgeschichte kennt.

Um die gleiche Zeit etwa erarbeiteten einige erlauchte Geister, Briten, Franzosen, Italiener und Deutsche, die gedanklichen Grundlagen des modernen Staatswesens. Es existierte damals noch nicht; die Gedankengänge, die sich ihm zuwandten, mußten zunächst als Spekulation bezeichnet werden, sind aber eben darum für uns heute viel interessanter als die oft recht vordergründige Kritik, die an den bestehenden Monarchien geübt wurde.

In diesem Stadium der gedanklichen Vorbereitung auf die moderne Gesellschaft wurden drei Grundsätze fixiert, die in der heutigen Diskussion um die Todesstrafe besondere Bedeutung erlangt haben: »Die grausamen Strafen sind es nicht, die zum Gehorsam gegen das Gesetz führen« (Montesquieu); »Nur denjenigen darf man sterben lassen, den man nicht ohne Gefahr leben lassen kann« (Rousseau); schließlich Diderots berühmte Passage aus der Novelle *Rameaus Neffe*: »Es gibt zwei Arten von Gesetzen; die einen sind von absoluter Billigkeit und Allgemeingültigkeit, die anderen sind bizarr und verdanken ihre Entstehung nur der Verblendung oder dem Zwang der Umstände. Diese letzteren bedecken den, der sie übertritt, nur mit einer vorübergehenden Schande (*une ignominie passagère*), einer Schande, welche die Zeit später auf die Richter und die Nationen überträgt, damit sie da ewig bleibe. Wer ist heute der Entehrte – Sokrates oder die Obrigkeit, die ihn den Giftbecher trinken ließ?«

Es ist offenbar, daß die Todesstrafe, in welcher Gestalt immer sie vollzogen wird, die letzte Erinnerung an das alte Vergeltungsstrafrecht ist. Wenn für Einbruch oder Erpressung Gefängnis- oder Zuchthausstrafen verhängt werden, so sind das wohlkalkulierte, genau überlegte, im Gesetzbuch verankerte Bestrafungen, die sich aber von der Natur des Verbrechens doch sehr gründlich unterscheiden. Einzig die Todesstrafe, die auf Mord und in verschiedenen Staaten noch auf einige andere Delikte wie Notzucht, Kindsentführung und Hochverrat steht, ist noch jene volle und gleichartige Vergeltung, wie sie zunächst die private Blutrache und später die ersten Rechtsbücher vorsahen. Goethe, vollausgebildeter Jurist, Kenner der Schriften Beccarias und jahrelang selbst im Gerichtsdienst tätig, sah in dieser Funktion der Todesstrafe, in der Ablösung des uralten Vergeltungsstrebens, ihre Hauptrechtfertigung, wenn er schreibt: »Wenn sich die Sozietät des Rechtes begibt, die Todesstrafe zu verfügen, so tritt die Selbsthilfe unmittelbar wieder hervor; die Blutrache klopft an die Türe« (Maximen und Reflexionen).

Heute, hundertfünfzig Jahre nach diesen Zeilen, ist in der allgemeinen Auffassung gegenüber der Blutrache und ihrer modernen Form, dem *Règlement des comptes* unter Gangstern, eine gewisse Resignation eingetreten. In ihren letzten Reservaten, in Griechenland, Sizilien, Sardinien, Korsika und einigen außereuropäischen Ländern, wird sich die Talion nur im organischen Verlauf der zivilisatorischen Entwicklung überwinden lassen. Niemand gibt sich der

Illusion hin, daß die Todesstrafe, wie sie zum Beispiel in Korsika existiert, die privaten Lösungen alter Blutracheprobleme verhindern könne.

Hingegen werden die Thesen Montesquieus und Rousseaus, meist ohne Berufung auf sie, heftiger diskutiert denn je. Die abschreckende Wirkung der Todesstrafe wird so oft behauptet, weil sie das einzige Argument jener geworden ist, die für eine Beibehaltung oder Wiedereinführung der Todesstrafe plädieren; die Überflüssigkeit der Todesstrafe ist das beste Argument ihrer Gegner, denn es kommt für die Gesellschaft naturgemäß auf eins heraus, wenn ein Schwerverbrecher in einem Insel-Zuchthaus bis zu seinem Tode in sicherer Haft sitzt, oder wenn er getötet wird. Wer sich mit einer solchen sicheren und tatsächlich lebenslangen Haft als Höchststrafe nicht abzufinden vermag, wird *eo ipso* gezwungen, zuzugeben, daß er die Todesstrafe als Vergeltung angewendet zu sehen wünscht. Diesen Rückfall in archaisches Rechtsdenken können sich aber weder Politiker demokratischer Staaten noch Juristen in führenden Positionen leisten – zumindest nicht öffentlich und offenkundig.

Die öffentliche Diskussion um die Todesstrafe wäre demnach so gut wie zu Ende, wenn beide Parteien konsequent ihre Standpunkte vertreten hätten. Die Abschreckungstheorie wurde jedoch dadurch verwässert, daß man immer ›humanere‹ Todesstrafen einführte, ohne dabei die Guillotine an Verläßlichkeit, Schnelligkeit und Schmerzfreiheit übertreffen zu können. Professor Hoche, Direktor der psychiatrischen und neurologischen Universitätsklinik Freiburg im Breisgau, schrieb dazu: »Im übrigen ist es völlig irrig, anzunehmen, daß die Guillotine eine inhumane Einrichtung sei; der Tod ist vollkommen schmerzlos. Der Delinquent fühlt nicht einmal mehr den Schlag des Eisens, weil sein Bewußtsein – dank des momentanen Sinkens des Blutdrucks – schwindet, ehe der mögliche Schmerz ihm zugeleitet wird.« Dennoch gilt die schmerzlose Guillotine offenbar als allzu abschreckend mit ihrem eindrucksvollen Gerüst, dessen Silhouette seit den Septembermorden der Französischen Revolution ein Symbol des Todes geworden ist.

Die Gegner der Todesstrafe wiederum verließen die Rousseausche Position vom »ohne Gefahr leben lassen«, als sie durch die Begnadigungspraxis alljährlich ganze Scharen von Mördern abermals auf die Menschheit losließen. Die Fälle, in denen frisch entlassene Lustmörder oder Gewaltverbrecher anderer Couleur abermals scheußliche Verbrechen begingen, mußten naturgemäß zur öffentlichen Forderung nach Wiedereinführung oder Anwendung der Todesstrafe führen.

Ein rückfälliger Mörder ist leider für die Presse ungleich dankbarer als ein Justizmord. Einen unschuldig Verurteilten aus dem Zuchthaus zu holen, das bringt wochenlang Schlagzeilen, man kann ihn von allen Seiten fotografieren, seine Lebensgeschichte diktieren und schließlich auf Kosten eines großen Blattes in einen Erholungsurlaub fahren lassen; man kann seine Rehabilitierung verfolgen und seine Ersatz- und Entschädigungsansprüche verfechten. Was aber kann man für einen Toten tun, vor allem, da wir noch mitten in den Massenmordprozessen stecken, die unsere jüngste Vergangenheit zum Gegenstand haben?

Der rückfällige Mörder, der aus dem Gefängnis entlassene Kinderschänder, der sich nach drei oder vier kleineren Delikten dann schließlich so schwer vergeht, daß weinende Eltern an Kindersärgen stehen, das alles sind Eindrücke, die das subjektive Verlangen nach der Todesstrafe wecken, ohne daß diese objektiv auch tatsächlich notwendig wäre.

Es sind diese Halbheiten der Justiz, die sie zu einem scharfen Kurs zwingen. Man wird die Todesstrafe wieder einführen, um die Volksstimmung zu beruhigen, man wird zwei oder drei Kindsmörder hinrichten und dreihundert potentielle Kindsmörder mit ihrer krankhaften Veranlagung wieder in Freiheit setzen, obwohl es jedem mittelmäßig gebildeten Justizbeamten klar ist, daß solche Menschen immer wieder straffällig werden – wenn ›es gut geht‹ mit Delikten ohne Todesfolge, die für die Betroffenen aber schwerste, ja dauernde seelische und körperliche Schäden mit sich bringen können, im andern Fall aber mit Morden.

Der Mittelweg, der auch das Argument der Irreparabilität von Justizmorden berücksichtigt, wäre die jedes Risiko ausschließende Bemessung und Durchführung der Freiheitsstrafen. Schon heute weiß der Verbrecher im allgemeinen sehr genau, welche Strafe er mit seinen Taten riskiert. Niemand unterscheidet genauer zwischen Raub, Einbruch und Diebstahl, zwischen Mord und Totschlag oder fahrlässiger Tötung als der Mann, den die dafür bestimmte Strafe treffen kann, der wohlberatene Berufsverbrecher. Die Affekttäter oder die Triebverbrecher aber kann auch die Todesstrafe nicht abschrecken, sie werden nach jeder Strafe als Gefährdete und Gefährdende in unsere Mitte zurückkehren, so lange, bis der Schutz der Gesellschaft konsequent durchgeführt wird.

Der Henker

Vielleicht ein Epilog

Clinton Duffy nennt den Mann, der sorgfältig wie eine Pharmazeutin ein paar Hebelchen bewegt und damit Giftsäckchen in ein Säurebad fallen läßt, standhaft den Scharfrichter. Er tut es vielleicht, um den Vollzug der Todesstrafe, den er als Gefängnisdirektor verantwortlich überwacht, von sich wegzuschieben, obwohl er zweifellos die Hebelchen auch selbst hätte bedienen können, er und einige andere der korrekt gekleideten Herren aus San Quentin.

Helmut Qualtinger, der viel mehr als ein genialer Spaßmacher ist, schreibt ein Spiel über eine Volksfest-Hinrichtung. Von Szene zu Szene erleben wir deutlicher die Bestätigung, wie unmöglich dieser Vorgang heute wäre, obwohl sich bei jedem Auto- oder Sandbahnrennen Genickbrüche, Verbrennungen und Guillotinierungen durch scharfes Blech ereignen. Und der ausgediente Henker, den Qualtinger selbst spielt, dessen Text er mit einer Fülle schauriger Pointen aus den Erinnerungen des letzten Wiener Scharfrichters Lang aufgeputzt hat, dieser alternde und von der Idee einer großen, öffentlichen, festlichen Hinrichtung gleichsam lemurenhaft wiederbelebte Scharfrichter erscheint uns wie ein Geschöpf aus jener anderen Welt, in der Frankenstein, Dracula und Doktor Mabuse beheimatet sind.

Mr. Albert Pierrepoint, als *Executioner* der County of London der meistbeschäftigte Scharfrichter der Nachkriegszeit, darf im Britischen Fernsehen sachkundig Rede und Antwort stehen, ohne Kapuze, ohne Maske, ein etwas reservierter Mann, ein Gentleman – obwohl noch keineswegs feststeht, ob das Vereinigte Königreich endgültig von der Todesstrafe abgerückt ist, die gerade auf den Inseln eine so reiche Ernte hielt.

Ein Beruf beginnt in der Vielzahl der anderen Professionen unterzutauchen, ein Beruf, der an die zwei Jahrtausende lang eine einzigartige Stellung eingenommen hat: einerseits ausgestoßen, verfemt, unehrlich genannt und in einem Maße verachtet, daß seine bloße Berührung wie Aussatz haftete und bürgerlich tötete, andererseits in seinem Bereich ein Alleinherrscher, mit einem Wissen begabt, das nur in der Sippe weitervererbt wurde, abseits stehend, aber selbständig, einsam, umraunt, die Verkörperung menschlicher Macht an der Grenze zwischen Diesseits und Jenseits. Ein Nachruf scheint verfrüht, aber ein Rückblick ist angebracht, schon um Henker und Scharfrichter, wie man sie aus der Geschichte kennt, von dem Gesindel abzugrenzen, das auf den Verladerampen von Auschwitz und Ravensbrück, von Maidanek, Treblinka und vielen anderen Lagern kaltherzig selektionierte oder sich mit der Zigarette im Mund Späße einfallen ließ wie die Häftlingsmütze im Drahtverhau, die niemand holen kann, ohne erschossen zu werden. Auch sie werden immer wieder Henker genannt, aber nicht nur Meister Franntz Schmidt von Nürnberg oder Meister Huß von Eger, nein, selbst der kleinste Abdecker und seine Knechte hätten sich geweigert, eine dieser Bestien als ihresgleichen zu bezeichnen, an ihren Versammlungen teilnehmen zu lassen, ihnen die Tochter zum Weib zu geben oder die Scharfrichterei im Erbweg zu überlassen. Denn die Verfemten hatten aus der Not ihres seltsamen Berufes und aus dem grausigen Alltag ihres Tuns die Tugend einer eigenen Ordnung gemacht und die Obrigkeit dazu gebracht, diese selbstgegebene Ordnung auch zu respektieren.

Der lange und blutige Weg des Henkers durch die Geschichte begann sehr früh. Schon in den Machtstaaten des alten Orients gab es den Beruf des Scharfrichters, aber damals haftete ihm noch keinerlei Verfemung an. Er war der engsten Suite seines Herrschers zugeteilt, fehlte nie bei offiziellen Anlässen und stand in prächtiger Kleidung stets in der nächsten Nähe seines Herrn. So blieb es bis in die Neuzeit; noch im Sultanspalast von Konstantinopel hatte der Henker eine prächtige Wohnung und war ein hochgeachteter Hofbeamter.

Die im ganzen Abendland zu beobachtende, bis heute nicht eindeutig erklärte Ächtung des Henkers nahm in Rom ihren Ausgang und gelangte mit dem Römischen Recht nach dem elften Jahrhundert nach Deutschland. Vorher hatte es in Mitteleuropa im Grunde gar keine berufsmäßigen Henker gegeben. Natürlich waren Hinrichtungen zu vollziehen, aber dies tat entweder die ganze Gemeinde gemeinsam, was sehr oft der Lynchjustiz Vorschub leistete, oder man bestimmte einen Übeltäter gegen irgendeine Vergünstigung, meist gegen die Begnadigung, seine Mitangeklagten zu richten, oder aber der Richter verfügte über Knechte, die sich dieser Aufgabe unterzogen.

Mit dem Anwachsen der Gemeinwesen und der Festigung der städtischen Ordnungen erwies sich dieses Verfahren sehr schnell als unzureichend, ja gelegentlich sogar als unrechtmäßig. Im zwölften Jahrhundert traten darum die ersten Scharfrichter im engeren Sinn in Erscheinung, Angehörige des Gerichts, die in erster Linie die Hinrichtungen zu vollziehen hatten. Sie trugen den bereits verhüllenden Namen *Fronbote*. Es war die erste von sehr vielen ebenso unklaren und absichtlich vagen Bezeichnungen, unter denen uns der Henker im Lauf der folgenden Jahrhunderte entgegentritt. Else Angstmann hat sie, angeregt durch ihren eigenen Familiennamen, nicht nur alle aufgespürt, sondern in einer gründlichen, originellen und seither auch vielzitierten Arbeit auf ihr Verbreitungsgebiet untersucht. Überregional häufig waren die Bezeichnungen Meister Balz, Meister Bartel, Benedix, Casperer, Dollinger (auch Dallinger), Dehner, Dehler, Diller, Faber, Femer, Fetzer, Freimann, Häner, Gabler, Halbmeister, Hämmerling, Hangmann, Meister Hans,

Hitzel (schlesisch), Kaffler (auch Kofler, Kaviller u. ä.), Meister Kilian, Kleemeister, Knuspert, Meister Matz, Peinlein, Racker, Schelm, Schleifer, Schnürhänslein, Schoband, Schürpfer, Stockmeister, Weiziger, Zwicker u. a.

Dazu kamen die Bezeichnungen aus dem Rotwelsch, aus der Gauner- und Zigeunersprache, die naturgemäß besonders zahlreich waren. Die bekanntesten waren Cucuari, Dalcher, Daljone, Demmer, Dollmann (Talmann) usf. Später, als die Abgrenzung zwischen dem Abdecker- und dem Henkerberuf nicht mehr so genau eingehalten wurde, ergänzte sich die Liste dieser Decknamen noch durch die alten Abdeckerbezeichnungen Feiriger, Feldmeister, Filler, Schäler, Schöler u. a.

Untereinander redeten die Scharfrichter sich mit »Herr Vetter« an, ihren ersten Gehilfen nannte man den Löwen (Löw). Auch für die einzelnen Tätigkeiten des Scharfrichters existierten besondere, meist nur seinesgleichen bekannte Bezeichnungen, eine eigene, absichtlich geheimgehaltene Sprache, in der sich uralte Bestände lange Zeit hielten. So hieß das Richten mit dem Schwert noch lange Zeit unter den Scharfrichtern *dillen*, obwohl die Dille, das Holzbrett mit der Schneide, als eine Art primitives Fallbeil ein Notbehelf der Bürger aus der Zeit *vor* der Einführung des Scharfrichteramtes war.

Verhältnismäßig selten ist der Fall, daß der Scharfrichter aus seiner Tätigkeit selbst den Familiennamen empfing. Während die Decknamen sehr häufig zu Familiennamen wurden und es heute in Deutschland sehr viele Familien gibt, die Dehler, Dollinger, Thalmann, Schöler, Kofler, Ben(e)dix, Bartel, Gabler oder Zwicker heißen, hat unseres Wissens nur eine einzige Scharfrichtersippe ein Prädikat als Namen erhalten: die Sippe *Gutschlag*, die in der Mark, in Pommern, Westpreußen, ja selbst in Dänemark im Scharfrichterberuf tätig war und im achtzehnten Jahrhundert gleichzeitig mehr als ein Dutzend Scharfrichtereien mit ihren Namensträgern besetzte.

Scharpffrichter.

Einer, der noch keinen Namen hatte, vielleicht ein Zugewanderter, den man ja gern zu solchem Tun heranzog, hatte einem kleinen Gemeinwesen durch einen guten Schlag aus der Verlegenheit und sich zu Namen und Existenz verholfen. Andere alte Scharfrichtersippen wie die Deigentesch, Kühn, Meyer, Mengis, Kauffmann, Rudloff, Schreiber, Schönbach haben zweifellos vorher andere Berufe gehabt und jahrhundertelang unter ehrlichen Namen gelebt, ehe sie sich dieser eigenartigen Zunft verschrieben.

Die Scheu vor dem Namen des Scharfrichters ging so weit, daß selbst die Gemeinde- und Kirchenbücher ihn oft nur unter einem Decknamen nennen. So wird in Wriezen im Regierungsbezirk Potsdam bis 1641 überhaupt kein Familienname genannt. Die Besitzübernahme vollzieht sich zwischen »Meister Hans« auf der einen, »Meister Dietrich« auf der anderen Seite, 1620 stirbt »Meister Andres, der Abdecker«.

Die frühesten urkundlichen Erwähnungen der berufsmäßigen Scharfrichter stammen naturgemäß aus den großen Städten des Mittelalters, aus Augsburg und Lübeck, die im dreizehnten Jahrhundert durch den Handel zu bedeutenden Zentren des bürgerlichen und wirtschaftlichen Lebens geworden waren und auch in der rechtlichen Konsolidierung der deutschen Gemeinden an der Spitze marschierten. Mehr als hundert Jahre älter ist jedoch ein sehr interessanter und sicherer Hinweis aus der Volksüberlieferung: die Sage vom Schelm von Bergen, in der ein Scharfrichter und Kaiser Friedrich I., Barbarossa, einander gegenüberstehen.

Der unter vielen anderen von Heinrich Heine und Carl Zuckmayer bearbeitete Stoff aus dem Raum um Frankfurt ist einwandfrei lokalisiert und in so vielen Abwandlungen überliefert, daß an seinem historischen Kern nicht zu zweifeln ist. Die anregendste Version, daß der Schelm (d. h. der Scharfrichter) maskiert mit der Kai-

serin oder Herzogin tanzte und zum Ritter geschlagen werden mußte, um die Ehre der Dame wiederherzustellen, hat allerdings nicht
soviel Wahrscheinlichkeit für sich wie jene andere Sagenfassung, in
der Kaiser Friedrich I. eines Nachts, vor einem Reisetag, von dem
Scharfrichter gewarnt wird, daß ein Anschlag auf sein Leben ge-
plant sei, und aus Dankbarkeit den Schelm von Bergen adelt. Der
Scharfrichter hörte in seinem Zwischenreich zwischen Bürgertum
und Unterwelt so manches, was in der Stadt selbst nicht bekannt
wurde; er war einer, dem viele Geheimnisse bekannt waren und an-
vertraut wurden, und er hatte, wenn er warnen wollte, auch keine
andere Möglichkeit, als selbst zu gehen, denn welchem Gefolgsmann
des Kaisers hätte er sich nähern dürfen?

Das Geschlecht der Schelme von Bergen blühte jedenfalls seit dem
zwölften Jahrhundert (es erlosch 1844) und gibt uns damit den frühesten Ansatzpunkt für die beruflich-eigenständige Existenz der
Scharfrichter im deutschen Raum.

Angelpunkt der Sage und zweifellos das brennendste Problem des
ganzen Berufes ist die sogenannte Unehrlichkeit, ein Ausdruck, der
vom Zunftwesen her zu verstehen ist und nicht besagen will, daß
die Angehörigen der unehrlichen Berufe, also die Bader, Müller,
Schergen, Büttel usw. nun Gauner, Diebe oder Betrüger seien. Das
›unehrlich‹ soll lediglich den Unterschied gegenüber den ›ehrsamen‹
Zünften betonen, die sich eben damals, als der berufsmäßige Scharfrichter in Deutschland bekannt wurde, in den Städten organisierten
und eifersüchtig darüber wachten, daß diese Organisation auch stets
das Heft in der Hand behielt.

Bei keinem der unehrlichen Berufe ist die Verfemung so ausgiebig
und scharfsinnig diskutiert worden wie beim Henker. Beim Müller
war es das sicherlich nicht ganz seltene Verfälschen des Mehls, beim
Bader, beim Sauschneider und beim Abdecker die niedrige, an sich
schon entehrende Tätigkeit, durch welche die Unehrlichkeit schon

hinreichend erklärt schien. Schäfer und Hirten standen im Geruch des geschlechtlichen Umgangs mit Tieren, gelegentlich auch im Ruf der Zauberei; fahrendes Volk, wie Spielleute, Dirnen, Roßtäuscher und ähnliche Existenzen, galt als unehrlich, weil es mangels Seßhaftigkeit ja gar keine Gelegenheit hatte, sich die Achtung der Mitbürger auf anständige Weise zu erringen. Beim Henker liegen die Dinge nicht so einfach.

»Man hat«, schreibt Karl von Amira, »um diese Unehrlichkeit zu erklären, bald auf einen angeblichen sittlichen oder religiösen Abscheu des Volkes vor berufsmäßiger Menschentötung verwiesen, bald auf den vermeintlichen Zusammenhang des Henkeramtes mit der Unfreiheit, bald auf seine frühzeitige Verbindung mit dem Abdecken und andern verächtlichen Nebengewerben. Mir scheint keiner dieser Erklärungsversuche sehr glücklich. Warum, wäre zu fragen, machte berufsmäßiges Töten von Menschen nicht auch den Kriegerstand unehrlich, der vielmehr zu den meist geachteten und gesuchten gehörte?«

Amira, der Germanist, nicht Rechtshistoriker ist, hat aber noch bessere Argumente zur Verfügung als den Vergleich mit dem Kriegerstand, der wohl nicht ganz überzeugend ausgefallen ist. Er verweist vor allem auf die zeitliche Entwicklung, die bei Erklärungsversuchen oft übersehen wird und die doch die gültigen Aufschlüsse so nahe legt. Danach war ursprünglich, das heißt im frühen Mittelalter, der Scharfrichterberuf zumindest in Deutschland nicht unehrlich, und das dürfte wegen der fränkischen und langobardischen Rechtsbezüge wohl auch in Italien und Frankreich so gewesen sein. Der Fronbote war eine durchaus geachtete Erscheinung, ebenso sein Straßburger Kollege, der *Vicarius Advocati*, und erst recht der Ritter, der am Königshof das Scharfrichteramt ausübte. Auch die Nebengewerbe des Scharfrichters, vor allem die Abdeckerei, gelegentlich auch die Betätigung als Bader oder Bordellwirt, können die Unehrlichkeit nicht herbeigeführt haben, denn sie stellten sich erst ein, *nachdem* der Henker unehrlich geworden war. Eigentlicher Grund des Makels und der Ausstoßung hingegen »ist das Tabu, das auf ihm ruhte und das erst, nachdem seine Bedeutung längst vergessen war, die juristische Zurücksetzung des Betroffenen hervorgerufen hat«.

Amira weist die heidnischen Wurzeln für dieses Tabu, die in griechischen und römischen Quellen belegte Scheu vor dem Carnifex nach. Cicero spricht von *contagio*, also einer bösen, verderblichen Einwirkung oder Ansteckung. »Dieses Tabu setzt voraus, daß die Hinrichtung einstmals ein Opfer war. Der Opfernde verkehrte mit der Gottheit unmittelbar, so daß ein Teil ihrer Kraft auf ihn übergehen kann und es gefährlich wird, ihn zu berühren. Die Furcht vor dieser Gefahr, die sich noch nicht in die Affekte der Ehrfurcht und des Abscheus gespalten hat, drückt sich aus im Tabu. Erlangt das Christentum die Herrschaft, so bleibt wie vom Opfer nur der Ritus, so von der Furcht nur der Abscheu übrig, und damit mag es zusammenhängen, wenn in den nächstfolgenden Jahrhunderten nicht leicht ein freier Mann sich dazu versteht, Todesstrafen zu vollziehen.«

Diese Erklärung wirkt nur auf den ersten Blick und wohl nur für den Unkundigen weithergeholt. Sie wird aber plausibel, wenn man sich das mittelalterliche Leben selbst vergegenwärtigt, in dem der Volks- und Aberglaube zweifellos eine viel größere Rolle spielte als Schulen, öffentliche Bildung oder gar der Skeptizismus der noch sehr dünn gesäten Gebildeten. Und die dem Aberglauben am meisten verbundenen Volksschichten waren die Fahrenden, das Gaunertum, die kleinen Leute, die angesichts der damaligen Rechtsverhältnisse ohnedies immer mit einem Fuß im Grabe standen. Für sie war der Henker eine Art menschlicher Gottseibeiuns, dessen Namen man verformte, verhüllte und nach Möglichkeit gar nicht aussprach. Es ist klar, daß es zumindest von diesem Personenkreis aus nicht Verachtung war, die dem Henker entgegengebracht wurde, sondern

Furcht, und nur ganz wenige, wie zum Beispiel die gelehrten Radaubrüder und Diebesbanden, die im Schutz der Pariser Universitätsfreiheiten ihr Unwesen trieben, hatten Intelligenz und Freisinn genug, um sich über dieses Henker-Tabu hinwegzusetzen und den Galgen wie das Hängen selbst souverän zu bespötteln.

Man kann es sich anders auch schwer vorstellen. Wie sollte ein Mann, dessen Amt das Foltern und Töten war, sich unter seine Mitbürger mischen, mit ihnen am Wirtshaustisch sitzen und womöglich über Einzelheiten seines grausigen Handwerks plaudern? Wo immer Scharfrichterknechte untereinander solche Reden führten, wurde dies mit Recht übel vermerkt. Das Richten und Töten ist eine jener Tätigkeiten, die das Schweigen zu umgeben hat. Krankheit und Tod, jedes Leiden einer Kreatur verlangt von den Unbeteiligten, von den noch Verschonten, Rücksicht, Andacht, Diskretion. Daß in den kleinen mittelalterlichen Gemeinwesen alle voneinander viel mehr wußten, als dies heute in den Großstädten mit ihrer schnell fluktuierenden Bevölkerung der Fall ist, kam hinzu. Der Scharfrichter brauchte nur durch die Straßen zu gehen, und es umgab ihn, unsichtbar und dennoch für jeden erkennbar, die Aura seines düsteren Tuns wie eine Glocke.

Im Wirtshaus, wenn er es betreten durfte, saß der Scharfrichter abseits; im Ratskeller hatte er oft ein kleines Tischchen für sich, denn die Obrigkeit, die ihn beschäftigte, konnte sich nicht so vollständig von ihm distanzieren wie ein privater Schankwirt. So war es auch schon dem Fronboten ergangen, der noch ein Ehrenamt ausübte, der nicht nach einem ausgeklügelten Scharfrichtertarif bezahlt wurde, in dem jede Art der Tortur und der Exekution ihren Preis hatte, sondern den wunderlichen Zehnten erheben durfte, daß nach neun Gerichteten der Zehnte ihm gehörte. Ein fahrender Gesell bayerischer Herkunft, Wernher der Gärtner genannt, dichtete um die Mitte des dreizehnten Jahrhunderts sein ernstes und realistisches Lebensbild vom *Meier Helmbrecht*. Darin widerfährt es dem Helden, mit neun Strauchrittern vor den Büttel geschleppt zu werden, als zehnter Mann aber Gnade zu finden. Doch war dieses Recht nicht unbestritten und nicht in das freie Ermessen des Fronboten gestellt, mochte es auch in alten Rechtsbüchern wie dem Schwabenspiegel festgehalten sein. Als die Straßburger Reisigen 1333 die Burg Schwanau bei Erstein eroberten und die Mitglieder der Besatzung, wie es damals oft vorkam, als Aufrührer über die Klinge springen mußten, durfte sich der Scharfrichter nur einen alten Mann, der niemandem mehr schaden konnte, und einen Buben, fast noch ein Kind, beiseitestellen. Bei der Eroberung der Festung Greifensee im Jahre 1444 ließ der Landammann Reding alle 72 Überlebenden hinrichten, obwohl der Scharfrichter jedesmal, beim zehnten, beim zwanzigsten und so weiter, auf sein Recht hinwies und den Mann zu retten versuchte. »Bei uns gilt Landrecht (*nicht Kaiserrecht*), richte, plaudere nicht!« soll Reding bei dieser Gelegenheit gerufen haben, und der Berner Scharfrichter mußte bis in die späte Nacht weiterwerken. Bei Fackelschein rollten die letzten Köpfe...

Das waren Übergangszeiten, in denen der Fronbote oft aus patrizischen Familien gewählt wurde (in Basel war es die Regel), während neben ihm schon ein Scharfrichter zu wirken begann. Der Fronbote avancierte zum Richter für kleinere Fälle, gleichsam für Zivilvergehen, der Scharfrichter wurde eine selbständige Erscheinung, ständiges Attribut aller Gemeinwesen, die auf eigene Gerichtsbarkeit hielten. Solch ein Mann aber mußte bezahlt, logiert, mit Gehilfen und Werkzeug versehen werden, und darum begannen fortan die Kosten der Hinrichtungen eine Rolle zu spielen. Kleine Orte, für die sich ein eigener Scharfrichter nicht lohnte, liehen ihn in der nächsten Stadt aus und hatten dann Wegegeld und Tariflohn zu entrichten; andere Orte taten sich zusammen, um einen Scharfrichter für den ganzen Kreis zu dingen.

Und nun, da die Städte also einen Mann haben, der die blutige und unbeliebte Arbeit macht und keine andere bekommen kann, weil ihn jeder meidet, da bürden die Stadtväter ihm auch gleich alles auf, was sonst niemand tun will und was doch getan werden muß. Es war Augsburger Stadtrecht von 1276, das damit begann, den Nachrichter zu einem Faktotum für alle niedrigen Tätigkeiten herabzuwürdigen. Er mußte nicht nur richten, wofür er fünf Schillinge und alles das empfing, was der Delinquent unterhalb des Gürtels an Kleidung und Wertsachen an sich trug, sondern er hatte auch die Aussätzigen aus der Stadt zu treiben, das Korn zu bewachen, das in Augsburg zum Verkauf feilgeboten wurde, die Milchpolizei zu bilden, und »er sol auch aller varnden freulin phlaegen«, hinter welcher hübschen Formulierung sich nichts anderes verbirgt als das Amt des Ribaudenkönigs, des Hurenweibels.

Damit begann die in späteren Zeiten wieder gelöste Verbindung zwischen dem Henker und den Dirnen. In manchen Städten wurde der Henker aus den Erträgen des Frauenhauses besoldet, offenbar, weil man das Geld für edlere Zwecke nicht verwenden wollte; sehr häufig waren aber Frauenwirt und Henker auch identisch. Da schlich dann so mancher nächtens und heimlich zum Scharfrichterhaus hinaus, das ohnedies meist einsam und versteckt gelegen war.

In der Bezahlung für das Haupt-Amt des Scharfrichters herrschte im übrigen von Anbeginn an manche Unklarheit, bis sich die Erkenntnis durchsetzte, daß man dem Mann ein Jahresgehalt geben, das heißt sein Einkommen zumindest teilweise von der Zahl der Hinrichtungen unabhängig machen müsse, damit nicht jeder Schilling oder Taler, den er erhalten, den Charakter von Blut- oder Kopfgeld habe. Zu diesem Grundgehalt wurden allerdings meist noch Prämien gewährt, für Weg, Zehrung, Nächtigung und für die Hinrichtung selbst:

»Item, so der Nachrichter vom Leben zum Tode richtet, so soll man ihm von einer jeden solchen Person drei Gulden geben«, heißt es in der Bamberger Halsgerichts-Ordnung von 1507. »Doch so der Nachrichter jemanden vierteilt, mit dem Rade oder mit dem Feuer richtet, soll man ihm einen Gulden mehr geben, und soll er das Holz zum Brennen und das Rad zum Rädern auf des Anklägers Kosten bestellen und schaffen.«

Dieser Grundsatz der doppelten Honorierung machte nicht nur viele Scharfrichter zu wohlhabenden Leuten und die meisten Scharfrichtereien zu ertragreichen, begehrten Arbeitsplätzen, sondern beschert uns auch aus den verschiedenen Stadtarchiven eine Anzahl grausiger Aufzählungen, denn bezahlen mußte ja die Stadt, und der Abgang mußte nachgewiesen werden. Albrecht Keller teilt in seinem Buch über den »Scharfrichter in der deutschen Kulturgeschichte«, der bislang umfassendsten Untersuchung zu diesem Thema, eine solche Rechnung aus Oppenheim am Rhein mit, in der es unter anderem heißt:

1412 Dem Richter zum Lohn, den Juden zu vierteilen und einen Hund dabei zu henken und die Vierteil zu begraben und einen Dieb auszuführen... zusammen 8 Pfd 16 Schilling

1417 Für den toten Mörder auf dem Rad wieder abzutun und begraben und nach dem Ausscharren wieder zu begraben um des bösen Geruchs willen 9 Goldgulden 6 Heller

1422 Zum ersten auf Montag nach St. Catharinentag, da man einem tat die Augen ausstechen, wollte der Henker nicht weniger haben als 5 Goldgulden

1456 auf Unserer lieben Frauen Abend *Visitationis* dem Meister am Viehweg dafür, daß er die zwei Schweine, so das Kind vor der Gaupforten zu Tode brachten, lebendig begraben hat, ein Pfund Heller

Allein diese letzte Mitteilung, die Todesstrafe, die an zwei Tieren vollzogen wurde, zeigt uns, wie wichtig für die Rechtsgeschichte und für die Beurteilung der praktischen Rechtspflege in der Vergangenheit der Lebensbereich des Scharfrichters ist. Er war in höherem Sinn als heute die letzte Instanz, er war mehr als ein Vollzugsbeamter, selbst dann noch, als es ihm nicht mehr oblag, die Hinrichtungsart zu bestimmen. Er tritt als die letzte Verkörperung der anklagenden Partei vor den Delinquenten hin, führt sehr häufig noch ein rituell festgelegtes Gespräch, ein Frage-und-Antwort-Spiel mit dem Richter auf und vollzieht dann die Strafe.

Sehr oft, ja meistens, war es nicht die Todesstrafe, sondern Verstümmelung, Auspeitschung oder eine andere Leibesstrafe, so daß der Scharfrichter in einer Person den ganzen Vollzugsapparat repräsentierte, zu dem heute Gefängnisse, Zuchthäuser und ein ganzes Heer von Beamten gehören. Und sehr oft hatte der Scharfrichter es in der Hand, *wie* diese Strafe vollzogen wurde. Sieht man von den Fällen mißlungener Hinrichtungen, von betrunkenen und ungeschickten Scharfrichtern ab, die zwar nicht ganz selten waren, aber doch die Ausnahme darstellen, dann war der Verurteilte in allem, was seine Bestrafung betraf, dem Willen des Henkers überantwortet. Eine heimlich um den Hals gelegte Schnur konnte den Delinquenten vor der qualvollen Verbrennung retten, ein sicherer Stoß mit dem Rad den Tod nach kurzer Pein herbeiführen.

Solche Kunstgriffe wurden von den Angehörigen, mitunter auch von den Betroffenen selbst naturgemäß gern und gut bezahlt, konnte man für den armen Sünder ja doch nichts anderes mehr tun. Und wenn es sich nicht um eine besonders haßerfüllte Anklagepartei handelte, drückten auch die Vorgesetzten des Scharfrichters bei solchen Gnadenerweisen die Augen zu. Bisweilen allerdings waren die Ankläger unmenschlicher als der Henker in seiner befohlenen Unmenschlichkeit, so im Fall des Abbés Grandier, der nach dem aufsehenerregenden Teufelsprozeß um die Vorgänge im Ursulinenkloster von Loudun bei Poitiers zum Feuertod verurteilt, aber zur vorherigen Erdrosselung begnadigt worden war: Die Kleriker, die den *eo ipso* unschuldigen Grandier als Teufelsbündler angeprangert hatten, knüpften heimlich Knoten in die Schnur, so daß der Scharfrichter sie nicht zuziehen konnte, und ehe der Henker sich eine andere Schnur beschafft hatte, warf Pater Lactantius – ein Name, der verdient, der Vergessenheit entrissen zu werden – schnell die Fackel in den bereits aufgeschichteten Holzstoß...

Im allgemeinen aber waren das letzte Wohl und Wehe Sache des Nachrichters, und manches andere auch noch: die einträgliche Wasenmeisterei, das Verscharren von Selbstmördern, wofür die Stadt bezahlen mußte, ganz zu schweigen von heimlicheren Einkünften wie dem gelegentlichen Dirnenbetrieb oder der viel häufigeren heilkundlichen Betätigung der Scharfrichter, dem Verkauf wunderwirksamer Mittelchen, denen die armen Sünder noch durch ihr Sterben eine besondere Kraft gaben. Und diese ständig fließenden, im siebzehnten Jahrhundert ihren Höhepunkt erreichenden Erträge erklären uns auch, daß Scharfrichtereien erst im späten achtzehnten Jahrhundert verwaisten. Bis dahin aber trachteten die meisten Scharfrichter, sie im Besitz ihrer Familie zu erhalten, und ließen sich dies oft sehr viel Geld kosten. Erbpatente wurden ausgefertigt, und noch um die Wende des achtzehnten zum neunzehnten Jahrhundert war es nicht nur Sitte, sondern von der Obrigkeit überwachte Voraussetzung des Erbantritts, daß die Witwen oder Töchter der verstorbenen Scharfrichter mitübernommen, das heißt von den Nachfolgern geheiratet wurden.

Dieser Umstand und die Tatsache, daß der Übertritt in andere Berufe als den des Scharfrichters oder Abdeckers sehr schwierig war, begünstigte die Entstehung der Scharfrichterdynastien, deren einige in anderen Zusammenhängen schon erwähnt wurden. Sie wanderten durch ganz Europa, sie bildeten eine Internationale, ja sie veranstalteten vielumraunte Versammlungen, bei denen man Berufsprobleme besprach und nicht in erster Linie, wie das Volk annahm, neue Torturen aussheckte. Bei Streitigkeiten bildeten sie gelegentlich auch einen eigenen Gerichtshof, vor dem zwei Scharfrichter gegeneinander auftreten konnten. Die bekannteste dieser eigenartigen Institutionen wurde das Kohlenberger Gericht von Basel, wobei der Kohlen- (Kahlen)berg selbst schon eine verrufene Stätte, Richtstatt und sagenumwobener *lieu maudit* war und blieb.

Diese Internationalität des Standes erklärt die mitunter weiten Wanderungen, von denen nicht alle freiwillig waren. So wurde die in den Hansestädten namhafte, von dem Lübecker Fronmeister Hans Meyer (1476–93) begründete Sippe unversehens in die kleinen pommerschen Städte abgedrängt, als 1665 der noch junge Christian Meyer in der damals bedeutenden Stadt Stade im Zorn seinen Knecht erschoß und flüchten mußte.

Anderen Sippen brachten diese Wanderungen nicht Abstieg, sondern Aufstieg, so dem Geschlecht der Deibler, gelegentlich auch Teibler oder Teubler geschrieben, die im sechzehnten Jahrhundert im süddeutschen Raum richteten (Babenhausen, Memmingen, Augsburg, Weißenhorn), aber erst durch den Familienzweig berühmt wurden, der in Frankreich arbeitete. Anatole Deibler, *Monsieur de Paris*, ist mit Pierrepoint und Lang der im zwanzigsten Jahrhundert meistgenannte Vertreter seines Berufs gewesen.

Die Basis des Berufslebens blieb aber nicht die Wanderschaft, wie beim Steinmetzen, beim Bergmann und manchem anderen, der sein Können und Wissen in die Welt tragen wollte, sondern doch der Betrieb der Scharfrichterei oder der Abdeckerei und all der anderen kleinen Nebengewerbe bis hin zum Straßburger Glücksrad, das als einziger der Henker drehen durfte – das Lottoprivileg in den Händen des Henkers!

Die Scharfrichtereien hatten einen goldenen Boden, und wer sie einmal besaß, gab sie so leicht nicht wieder ab. Aus den Kauf- und Erbabhandlungen, wie sie uns aus verschiedenen Teilen Deutschlands erhalten sind, ergibt sich, daß Preise zwischen 6000 und 8000 Talern keine Seltenheit waren. Soviel bezahlte zum Beispiel der Scharfrichter Johann Philipp Stoff 1771 an Hans Michael Eichenfeldt, der die Prenzlauer Scharfrichterei altershalber verkaufte, nachdem sie rund 160 Jahre im Besitz seiner Familie gewesen war. Stoff behielt sie dann mit den Seinen bis 1848. Noch besser muß es in Rathenow gestanden haben, denn hier legte im Jahre 1809 der Ratsherr und Drechslermeister (!) Friedrich Gottlieb Kolrep zehntausend blanke Taler auf den Tisch, um die Abdeckerei zu erwerben.

Dieser Wertanstieg der Scharfrichtereien, der im ausgehenden sechzehnten Jahrhundert einsetzte, hielt lichtscheue Elemente aus diesem Beruf fern. Selbst eine Mühle oder ein Wirtshaus waren ja billiger zu haben als ein Scharfrichterei-Betrieb. Wer nichts konnte und nichts hatte und keine Hilfe aus scharfrichterlicher Verwandtschaft genoß, dem wurde der Eintritt in diesen Beruf mindestens so sauer gemacht wie die Karriere in einer der ehrsamen Zünfte.

Die Einnahmen des Scharfrichters aus seiner Tätigkeit als Armenarzt, Homöopath oder, wie manche fälschlich sagen, als Kurpfuscher, mögen im Falle eines besonders geschickten Mannes die Erträge seines Amtes und den Jahressold überstiegen haben; aber sie lassen sich naturgemäß überhaupt nicht erfassen. In den meisten Fällen war es auch durchaus keine heimliche, pfuscherische Tätigkeit, sondern eine Nebenbeschäftigung, die der Scharfrichter mit Wissen und Billigung der Behörden ausübte. In Eger, in Frankfurt und in vielen anderen Städten ereignete es sich wiederholt, daß bei der Bewerbung um das Scharfrichteramt Zeugnisse über Fähigkeiten als Tierarzt oder über medizinische Kenntnisse den Ausschlag für die Anstellung gaben. Keller berichtet den kuriosen Fall, daß im Jahre

1830 in einer schweizerischen Landgemeinde, wo der Kreisphysikus durch Abstimmung ermittelt werden sollte, das Volk den Scharfrichter von Uri wählte und der Landamman zu einem Trick gezwungen war, um die Stelle im letzten Augenblick einem absolvierten Mediziner zuzuspielen.

Es gab manchen namhaften Arzt und Tierarzt unter ihnen, und diese hatten enormen Zulauf. Meister Philipp, der Scharfrichter zu Eger, machte als Chirurg die Bader und Steinschneider der weiteren Umgebung brotlos, so daß man ihm durch ein Dekret von 1581 auferlegen mußte, sich auf »Beinbrüch, Armverruckung und nicht offene Wunden« und auf die Behandlung Landfremder zu beschränken; da das Volk aber nicht von ihm ließ, wurde diese Mahnung 1596 unter Androhung von Geld- und Haftstrafen noch einmal verkündet.

Meister Baltzer aus der berühmten Sippe der Mengis übernahm 1656 nach einer Schlacht im Luzerner Bauernkrieg die Verwundeten zur Pflege. Es waren dreißig an der Zahl, von denen ihm nur ein einziger starb. Die bestallten Ärzte von Luzern, die sich auf dem Schlachtfeld nicht hatten blicken lassen, traten um so energischer in Erscheinung, als Meister Mengis dem Rat von Luzern seine Rechnung vorlegte: Da knappten sie dem unerwünschten Kollegen soviel ab, als nur irgend ging.

Der Streit zwischen Medizin und Volksmedizin, zwischen den Universitäts- und den Galgenchirurgen dauerte durch die Jahrhunderte, bis Friedrich der Große in einer bemerkenswert vorurteilsfreien Entscheidung die salomonische Lösung fand. »Wenn die Chirurgen«, heißt es in dem Erlaß, »tatsächlich so geschickt seien, wie sie sich in ihren Vorstellungen zu sein rühmen, werde sich ohnedies jedermann lieber ihnen anvertrauen als dem Scharfrichter. Befänden sich jedoch unter den Chirurgen Ignoranten, so solle das Publikum darunter nicht zu leiden haben. Die Chirurgen müßten es sich dann wohl gefallen lassen, daß sich jemand lieber durch einen Scharfrichter kurieren und helfen lasse, als ihnen (*den Chirurgen*) zu Gefallen lahm und ein Krüppel bleibe.«

Auch auf dem Gebiet der Tiermedizin haben sich die Scharfrichter dank dem Abdeckergewerbe und dem damit verbundenen Anschauungsunterricht stets erfolgreich neben den absolvierten Veterinären behauptet. Das bekannteste Fachbuch über Pferdekrankheiten war im achtzehnten Jahrhundert das immer wieder aufgelegte Werk *Nachrichters nützliches und aufrichtiges Roßarzneybüchlein*, in dem also ganz offensichtlich mit dem Nachrichter-Beruf eine starke Propagandawirkung erzielt wurde. Verfasser war der Scharfrichter Johannes Deigentesch, der einer von der Nordsee bis in die Schweiz verbreiteten Sippe entstammte.

Für das Volk war der Scharfrichter der Mann, der die Gefolterten nach der Tortur wieder zusammenflickte (wofür ihm die Stadt sogar die Salben und Arzneien bewilligte), der Mann, der von Leben und Tod, von den Gliedmaßen und Schmerzen schon von Amts wegen mehr verstand als alle anderen. Was sich auf den hohen Schulen abspielte, was der absolvierte Arzt lateinisch oder deutsch über die Krankheiten sagte, verstanden die wenigsten. Was der Scharfrichter tat und konnte, das sahen sie alle so gut wie täglich, und außerdem war er – das glaubten die meisten – mit jenen geheimen Mächten im Bunde, die allen Kuren erst den wirklichen Erfolg sichern. Der Scharfrichter hatte für sich, was gegenüber den Unmündigen seit je besonders gezählt hatte, die *Magie*, die Aura seines Amtes, und unversehens verwandelte sich das Tabu, das ihn aus der Gemeinschaft ausstieß, in die starke Anziehung, die insbesondere Frauen den Scharfrichter aufsuchen ließ.

Für den Scharfrichter selbst hatte diese Tatsache eine weit über den wirtschaftlichen Ertrag hinausgehende Bedeutung. Der ärztliche Beruf wurde für Hunderte und Aberhunderte von Scharfrichtersöhnen die Bresche in der Mauer des Schweigens und der Ausstoßung. Viele begüterte Scharfrichter ließen ihre Söhne fern der Heimat, wo keiner sie kannte, studieren. Bei ärmeren Scharfrichterfamilien stand immer noch der Weg zum Kriegsdienst offen. Aus großen Sippen wie den Meyer oder Fuchs oder Gutschlag gingen Söhne als Feldscher mit den Regimentern, und der Scharfrichterenkel wurde als Feldscherssohn dann ein richtiger Arzt. Aber ihre Frauen, das verdient festgehalten zu werden, ihre Frauen holten sich diese eben der Verfemung entronnenen jungen Ärzte oder Feldschere doch noch immer aus den Scharfrichtersippen...

Es hielt und hält eben niemand fester zusammen als eine Gemeinschaft von Verfemten, vor allem dann, wenn sie sich eine innere Ordnung gegeben haben und überzeugt sind, daß eben diese Verfemung zu Unrecht besteht. Sie glaubten an die Notwendigkeit ihres Berufes und daran, daß ihr als ehrlos eingeschätztes Tun nützlich sei und im Sinn der gottgewollten Ordnungen liege. Und darum begriffen auch viele von ihnen nicht den Wandel der Zeiten und des Strafvollzugs gegen Ende des achtzehnten Jahrhunderts, der den Henker mitsamt seinen Folterkünsten schließlich überflüssig machte: Als im Jahre 1782 in Glarus nach einem schon besprochenen schändlichen Prozeß die letzte Hexe verbrannt wurde, ersuchte Meister Vollmar aus Sankt Gallen, Sproß einer weitverzweigten Scharfrichtersippe, um die Erlaubnis, seinen neunzehnjährigen Sohn zur Hinrichtung mitnehmen zu dürfen, weil dieser »gern zusehen und lernen möchte, wie die Sachen zugehen«.

Andere Söhne hatten die Zeichen der Zeit begriffen und strebten aus dem Beruf weg, der den Makel, der an ihm haftete, nun nicht mehr durch die reichen Erträge ausglich. Entweder stahlen sie sich in Berufe, die auch nicht als ganz ehrlich galten, wie die der Müller oder Bader, oder sie nahmen, wenn Mut und Kenntnisse zureichten, den Kampf mit den inzwischen erstarkten Standesorganisationen

der Ärzte auf. Aus den Sippen Hofmann, Knapp, Messing, Hart-
mann, Meyer und vielen anderen gingen bald absolvierte Ärzte hervor (in einer Beschwerdeschrift der Frankfurter Ärzteschaft werden
vierundzwanzig solche Fälle angeführt), und einer von ihnen, ein
Sproß der alten Sippe Coblenz, brachte es sogar zum Hof- und Leib-
medikus des Königs Friedrich I. von Preußen, obwohl er in seiner
Jugend noch selbst das Richtschwert geschwungen hatte.

Die große Wende der Aufklärung hatte nach vielen Jahrhunderten der Verfemung wenn auch nicht den Scharfrichter selbst, so doch
seine Nachkommen wieder ›ehrlich‹ gemacht und damit eine der
seltsamsten Formen von Sippenhaftung getilgt, die sich im christlichen Europa beobachten läßt. Traditionen und Erinnerungen mögen
in den wenigen noch amtierenden Scharfrichter-Linien weiterleben,
sie werden keinen Schaden anrichten. Es ist nie der Ehrgeiz dieses
Standes gewesen, viele zu richten, sondern gut zu richten, und wenn
man aus der Seeräuberzeit der Hansestädte auch manchen Meister-
schlag über zusammengebundenen Piraten berichtet, so war das doch
die Ausnahme. Die Regel war der Mann, der seinen fürchterlichen
Beruf nur darum ertragen konnte, weil er ihn ernst nahm, als Amt
auffaßte, ja, so grausig es klingt, ihn sogar als Kunst ausübte.

Als ein Mensch, der wie kein zweiter im Zwielicht zwischen Leben
und Tod, Gut und Böse, Wirklichkeit und Magie steht, hat der Scharfrichter oft zur dichterischen Gestaltung angeregt, viele Dichter beschäftigt, nicht nur, wenn es sich um so attraktive und wohlaufbe-
reitete Geschichten wie die des Schelms von Bergen handelte. Von
allen, die sich um den Scharfrichter literarisch bemühten, hat wohl
Brentano die reinste Dichtung geschaffen, die ›Geschichte vom bra-
ven Kasperl und dem schönen Annerl‹, eine der schönsten Novellen
der deutschen Romantik überhaupt. Julius von der Traun erzählte
die Geschichte vom Scharfrichter Rosenfeld und seinem Paten, Wil-

helm Raabe die wohlgerundete Episode ›Das letzte Recht‹ in dem Band ›Ferne Stimmen‹. Levin Schücking, Jakob Schaffner, Enrica von Handel-Mazzetti, Ernst Lothar, Max Krell, Maria Grengg, Alexander Lernet-Holenia und viele andere wurden vom gleichen Thema fasziniert und erbringen in ihrer Gesamtheit den Beweis, daß der Henker die Phantasie der Deutschen wesentlich stärker beschäftigt hat als die wissenschaftliche Forschung. Seit Benekes ›Unehrlichen Leuten‹, einem nicht nur dem Scharfrichter gewidmeten Buch, verging ein Vierteljahrhundert bis zu den Untersuchungen von Albrecht Keller und Else Angstmann, die wohl durch ihren Namen zu der Themenwahl für ihre wohlgelungene Doktorarbeit angeregt wurde. Abermals Jahrzehnte später, 1962, erschien die auffallend stark auf den Scharfrichterberuf eingehende populäre Rechtsgeschichte ›Die Zehn Gebote‹ von Hermann Schreiber, einem späten Nachfahren der gleichnamigen pommerschen Scharfrichtersippe, und 1965, als Schlußstein, die gründliche, aber auf den süddeutsch-alemannischen Raum beschränkte Untersuchung von Helmut Schuhmann.

In einem Jahrhundert, in dem eine angebliche Elite den größten und scheußlichsten Massenmord der Weltgeschichte vollbrachte, in dem Millionen den gelben Stern trugen und sich überraschend neue Abgründe des Hasses zwischen Rassen, Nationen und politischen Systemen auftaten, hat die Verfemung einzelner Berufe jede Bedeutung verloren, selbst wenn es sich um jenes äußerste, grausamste Handwerk handelt, das ein Mensch ausüben kann. Man wird sie alle künftig als einzelne nehmen müssen, will man nicht rückblickend eines jener gefährlich falschen Kollektivurteile fällen, an denen unsere Gegenwart krankt.

Tafel 1 △

Tafel 3 △

◁ Tafel 2

Vue du Château de Moscou par derrière.

△ Tafel 4

△ Tafel 6

△ Tafel 8

Ein Heinrich vonn Khrt, vnnd einer vonn Budingen, nach genug
jnn der Wasserkilchen zů Zürich wurdent best gehenckt, Es war auch
ein Jud inn der Stadt der gar wol schiessen kůnt, twist die Büchsen,
vnnd schoss z man zů tod. Darumb denocht der Heinrich vonn Büchse
einer, hend der Büchsen meisster vonn Fryburg der z was, Also
ward derselb Jud dennen vonn Fryburg übergäben. Sie hanget sind
jnn an die füss, Vnnd allso er jez tag vnnd nacht ann einem Baum

gehanget, Do sprach er, wie däs zů unnser frow verschinen dend
jnn sy läben er hallten het. Darumb er den Christen glauben ann sich
nam, vnnd sy getröst, hat eins vonn leid über sne sine. Also ward

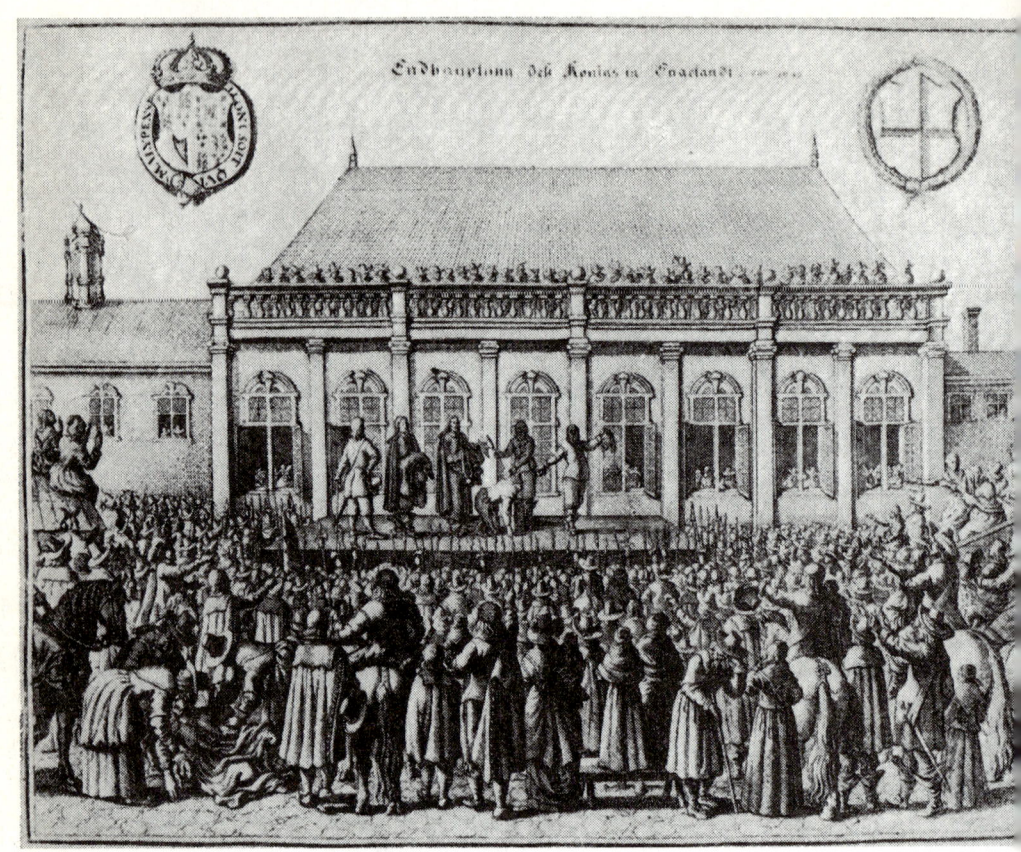

△ Tafel 10

Tafel 11 △

△ Tafel 12

Tafel 13 △

△ Tafel 14

Tafel 15 △

△ Tafel 16

△ Tafel 18

Tafel 19 △

△ Tafel 20

△ Tafel 22

Tafel 23 ▷

△ Tafel 24

Tafel 25 △

△ Tafel 26

Tafel 27 △

△ Tafel 28

Tafel 29 △

Tafel 31 △

△ Tafel 32

Erläuterungen zu den Tafeln

1   Kreuzigungsszene von Martin Schongauer (geb. um 1430 – gest. 1491). Kupferstich. Staatliche Graphische Sammlung München.

2   Zur Verschärfung der Strafe wurden Delinquenten manchmal umgekehrt ans Kreuz geschlagen. Kreuzigung Petri. Federzeichnung über Stiftvorzeichnung von Matthäus Günther (1705–1788). Staatliche Graphische Sammlung München.

3   »Der krämer ward mitt dem rad gricht, das wyb aber läbendig begraben und pfält.« Tod einer Giftmischerin in Freiburg in der Schweiz im Jahre 1574. Schon bei der Pfählung wird die Verurteilte gestorben sein. Der gleichfalls verurteilte Mann, ebenfalls Giftmischer, wurde mit dem Rad hingerichtet. Aquarell. Zentralbibliothek Zürich.

4   Darstellung einer Richtstätte bei den Moskowitern. Im Hintergrund die Rückansicht des Kreml. Zeitgenössischer Kupferstich aus Olearius' Beschreibung der Moskowitischen und Persischen Reise von 1634 bis 1639. Staatsbibliothek Berlin, Bildarchiv Handke.

5   Hochgericht. Von Urs Graf 1513. Vorzeichnung zu einem Kupferstich. Fonds Albertina.

6   Marter und Enthauptung des Theobaldo de Brusati. Illustration aus dem Codex Balduini Trevirensis 1325. Nach der Marter wurde dem Führer der Aufrührer von Brescia mit einem Zweihänder der Schädel abgeschlagen. Danach steckte man den Kopf auf einen langen Pfahl und hängte die vier Gliedmaßen an Räder. Die Fahnen zeigen das Wappen der Brusati. Am Boden enthauptete Mitschuldige. Nach der Ausgabe von Irmer.

7   Enthauptung Peter von Hagenbachs zu Breisach 1474. Der
     Verurteilte kniet frei auf der Erde. Zeichnung von Werner Scho-
     doler in einer Schweizer Chronik um 1515. Kantonsbibliothek
     Aarau.

8   Aufgebrachte und gefangene Piraten wurden gern mit großem
     Gepränge. exekutiert. Das bei Hans Weigel in Nürnberg ge-
     druckte Fliegende Blatt zeigt eine 1573 innerhalb von 45 Mi-
     nuten vollzogene Massenhinrichtung von 34 Seeräubern. Staats-
     bibliothek Berlin; Bildarchiv Handke.

9   An den Füßen aufgehängt und gefesselt, erwartet der Verur-
     teilte den Todesschlag. Vor ihm in langem Mantel der Richter.
     Die im Hintergrund brennende Burg gehörte wahrscheinlich
     dem Angeklagten. Schweizer Chronik von 1576. Kantons-
     bibliothek Aarau.

10   Enthauptung des Königs Karl I. von England am 30. 1. 1649.
     Vor einem viereckigen Block kniend und sinkend der enthaup-
     tete Körper des Königs in Beinkleidern und Hemd. Das Haupt
     hält einer der Büttel und zeigt es der Menge, unter der sich nicht
     nur Frauen und Männer, sondern auch Kinder befinden. 1652
     erschienene freiere Bearbeitung eines holländischen Stiches von
     1649. Staatsbibliothek Berlin, Bildarchiv Handke.

11   Hinrichtungsszene. Der Verurteilte kniet betend auf einem
     Sandhaufen. Im Hintergrund Gehenkte und aufs Rad Gefloch-
     tene. Kupferstich von Daniel Chodowiecki aus dem Jahre 1770.
     Staatsbibliothek Berlin, Bildarchiv Handke.

12   »Der Mann im Rad«. 1475 entstandene Skulptur an der Stifts-
     kirche in Tübingen, die das Martyrium des heiligen Georg
     darstellt, der zur Zeit der Christenverfolgungen Diokletians
     auf dem Rad gestorben sein soll. Foto Kleinfeldt, Tübingen.

13   Jeanne d'Arc auf dem Scheiterhaufen. Gemälde von J. E. Le-
     neeveu. Staatsbibliothek Berlin, Bildarchiv Handke.

14 Bereits im 14. Jahrhundert sind die Vorläufer der Guillotine bekannt. Das dargestellte Fallbeil hat sich aus der Diele entwickelt (dil, dille). Holzschnitt aus dem »Symbolum der Heiligen Apostel« von Lukas Cranach d. Ä. (1472–1553), der die Enthauptung des Apostels Matthias darstellt. Staatliche Graphische Sammlung München.

15 Darstellung des Zersägens. Aus dem »Symbolum der Heiligen Apostel«. Holzschnitt von Lukas Cranach d. Ä. Als Strafe wurde diese Todesart selten verwandt. Staatliche Graphische Sammlung München.

16 Ausdärmung des heiligen Erasmus. Einer der Henker ist beschäftigt, aus dem Leib des Gemarterten die Därme herauszuschälen, während der andere sie auf eine Haspel aufwindet. Der Heilige lebt noch. Holzschnitt von Lukas Cranach d. Ä. aus dem »Symbolum der Heiligen Apostel«. Staatliche Graphische Sammlung München.

17 Vierteilung des Poltrot de Méré 1563. Die Place de Grève mit einem Teil der Stadtfassade im Hintergrund. Ein Nachrichter schwingt ein Krummschwert, dem Anschein nach, um beim Abtrennen der Glieder zu helfen. Kupferstich nach einem Stich von Perissim. Staatliche Bibliothek Berlin, Bildarchiv Handke.

18 Hinrichtung der Frankenkönigin Brunichilde. Vor dem Zeltlager im Hintergrund schauen ein geharnischter Reiter mit gekröntem Hut und Feldherrnstab (König Chlothar) und sein Gefolge der Hinrichtung zu. Kupferstich aus dem 15. Jahrhundert vom Meister der Boccaccio-Illustrationen. Berlin, Kupferstichkabinett.

19 Verbrennung dreier Hexen im Jahre 1574. Die im Vordergrund kniende betende Frau scheint das gleiche Schicksal zu erwarten. Kolorierte Federzeichnung. Süddeutscher Verlag, Bildarchiv.

20 Am 7. Januar 1595 wurde der Jesuitenpater Jean Guignard auf der Place de Grève gehenkt und verbrannt. Er hatte die Tat des Königsmörders Clément öffentlich gebilligt. Getuschte Federzeichnung nach einer Radierung von F. Hogenberg. Staatsbibliothek Berlin, Bildarchiv Handke.

21 Hinrichtung des Jan Grovels Spell zu Brüssel im Jahre 1569. Der Henker ist gerade dabei, die Galgenleiter wieder herabzusteigen. Vor der Brust des Gerichteten hängt eine Tafel mit der Inschrift »Sententie«. An die beiden Galgenpfosten sind Mittäter gebunden, die zur Stäupung verurteilt sind. Radierung von F. Hogenberg. Staatsbibliothek Berlin, Bildarchiv Handke.

22 Karikatur von Daumier, die König Ferdinand II. von Sizilien darstellt. Staatsbibliothek Berlin, Bildarchiv Handke.

23 El Agarrotado – Der Erdrosselte. Spanien und die Philippinen richten auch heute noch mit der Garotte, dem Würgeeisen, das mit einer Spindel angezogen wird und den Verurteilten qualvoll erdrosselt. Radierung von Francisco de Goya 1778. Staatsbibliothek Berlin, Bildarchiv Handke.

24 Hinrichtung des ersten nach Erlaß des Lindbergh Law verurteilten Kindsentführers. In den letzten Sekunden vor dem tödlichen Fall wird ein Sack über den Kopf gezogen. Süddeutscher Verlag, Bildarchiv.

25 Die in Dijon während der Französischen Revolution benutzte Guillotine, mit der zahlreiche Adlige enthauptet wurden, gelangte in späteren Jahren in Paris im Palais Drouot zur Versteigerung und erzielte einen Preis von 10 000 Goldfrancs. Süddeutscher Verlag, Bildarchiv.

26 Holländischer Stich zur Zeit der Französischen Revolution, der die Arbeitsweise der Guillotine demonstriert. Staatsbibliothek Berlin, Bildarchiv Handke.

27 Öffentliche Guillotinierung eines Mörders in Grenoble, Frankreich. Süddeutscher Verlag, Bildarchiv.

28 Richtblock und Richtbeil des Berliner Scharfrichters Krauts. Daneben der Armsünderstuhl, auf dem die Verurteilten vor der Hinrichtung Platz nahmen. Süddeutscher Verlag, Bildarchiv.

29 Boxeraufstand 1900. Ein chinesischer Gendarmerieoffizier hat eigenhändig mit einem Handschwert die Hinrichtung von vier Führern der Revolutionäre vollzogen. Staatsbibliothek Berlin, Bildarchiv Handke.

30 Hinrichtung des Nihilisten Suchanoff im Jahre 1882 in Kronstadt. 22 Personen standen unter Anklage, an einem Attentat auf den Zaren beteiligt gewesen zu sein. Unter den zum Tode Verurteilten befanden sich ein Beamter und der ehemalige Marineoffizier Suchanoff. Der Zar begnadigte den Offizier zum Tode durch Erschießen. Staatsbibliothek Berlin, Bildarchiv Handke.

31 Eine der ersten Gaskammern in Amerika war die des Zuchthauses von Jefferson City. Sie erlaubte es, zwei Verurteilte zur gleichen Zeit hinzurichten. Süddeutscher Verlag, Bildarchiv.

32 Der Elektrische Stuhl. Durch Stromstöße mit Spannungen bis zu 10 000 Volt wird der Verurteilte hingerichtet. Der Tod tritt entweder durch Schock oder durch innere Verbrennungen ein. Süddeutscher Verlag, Bildarchiv.

Die drei Falttafeln entstammen dem Zyklus »Les misères et les malheurs de la guerre« von Jacques Callot. Die Radierungen stellen Szenen aus dem Dreißigjährigen Krieg dar und wurden 1633 zu Paris verlegt. Wallraf Richartz Museum, Köln.

Zeittafel

ca. 1720 v. Chr.	Die 282 Paragraphen des Hammurapi (Zweistromland)
um 1000 v. Chr.	Erwähnung des Räderns in der griechischen Sage von Ixion
621 v. Chr.	Die (strengen) Gesetze des Griechen Drakon
594 v. Chr.	Verfassungs- und Gesetzgebungswerk des Philosophen Solon
um 450 v. Chr.	Das römische Zwölftafel-Gesetz (z. T. nach athenischen Vorbildern)
um 100 v. Chr.	In der römischen Republik wird die Todesstrafe zwar nicht abgeschafft, aber sie kommt, soweit es sich um römische Bürger handelt, außer Gebrauch. Höchststrafe: Verbannung
30 oder 33	Jesus Christus stirbt am Kreuz
276	Der Partherkönig Bahram I. läßt Manes, den Stifter des Manichäismus, ans Kreuz schlagen
527–565	Kaiser Justinian I. Er befahl die unter Theodosius II. begonnene Aufzeichnung und Ordnung der römischen Rechtsdenkmäler und rettete sie für die Nachwelt
500–1000	Verschmelzung germanischer Rechtsüberlieferung und christlicher Moralgrundsätze in Norditalien, Deutschland und Frankreich. Gottesurteile, Zufallsstrafen, die Strafe als Spiegel des Verbrechens
1150–1300	Da Deutschland noch keine Universitäten besitzt, strömt über die in Padua und Bologna gebildeten Juristen römische Rechtstradition nach Mitteleuropa
1198–1235	Entstehungszeit des Sachsenspiegels, des Rechtsbuches, in dem Eike von Repgow das sächsische Land- und Lehnrecht aufzeichnete, wie es im nördlichen Deutschland galt
1235–1268	Entstehungszeit des Schwabenspiegels, der den Sachsenspiegel für Oberdeutschland umarbeitet (Aufnahme von römischen, kanonischen und Reichsgesetzen, aber auch von Elementen des bayerischen und alemannischen Volksrechtes)

1276	Im Augsburger Stadtrecht werden die Pflichten des Scharfrichters umrissen
1495	Die Reichskammergerichtsordnung anerkennt die Gültigkeit des römischen Rechts (gesetzliche Anerkennung der sog. Rezeption des römischen Rechts)
15.–17. Jhdt.	Langsame, aber allgemeine Strafverschärfung
seit etwa 1500	Die Verpflichtung zur Inquisition, zur Erzwingung eines Geständnisses, macht den Scharfrichter zum Foltermeister. Folter und nachfolgende Heilbehandlung legen den Grund zu den bekannten medizinischen Kenntnissen im Scharfrichterstand
1500–1750	In Deutschland fallen etwa dreihunderttausend Menschen dem Hexenwahn zum Opfer. Inseln der Vernunft, die sich von diesem epidemischen Justizmord freihielten, waren die Städte Nürnberg und Frankfurt am Main. 900 Tote kommen allein auf das Konto des Philipp Adolf von Ehrenberg, Bischofs zu Würzburg; der protestantische Hexenverfolger und Rechtsgelehrte Benedikt Carpzov stand ihm darin nicht nach
1507	Die Bambergische Halsgerichtsordnung wird zur Grundlage der ›Peinlichen Halsgerichtsordnung‹, auch *Carolina*, von 1532. Unterscheidung zwischen Mord- und Totschlag, Anfänge gerichtlicher Medizin, Anweisungen für die Anwendung der Folter, Überwindung des Aberglaubens vor Gericht
1578	Erste Hinrichtung für Kindsmord in Nürnberg (Ertränkung der Apollonia Vögelin)
1599	Nach dem Prozeß der Familie Cenci tötet das Volk den römischen Scharfrichter Alessandro Bracca (Lynchjustiz an Scharfrichtern in Deutschland und Frankreich nur bei stümperhafter Hinrichtung bekannt, in diesem Fall aber häufig)
1655–1728	Christian Thomasius, der nach der mutigen Vorbereitungsarbeit des Friedrich von Spee (gest. 1653) Hexenglauben und Anwendung der Folter wirksam bekämpft
1764	Beccarias unsterbliches Werk *Dei delitti e delle pene* wird richtungweisend für die Reform des Strafrechts

1765	Voltaire erreicht die Revision im Prozeß Calas
1781	Kaiser Joseph II. schafft Leibeigenschaft und Folter ab
1791	Der französische *Code pénal* setzt die Zahl der todeswürdigen Verbrechen von 115 auf 32 herunter und bestimmt, daß die Todesstrafe keine Folter, sondern lediglich die Beendigung des Lebens zu bezwecken habe
1828	Alle deutschen Staaten haben die Tortur abgeschafft (Preußen 1754, Baden 1767, Österreich 1791, Bayern und Württemberg 1809, Hannover 1822, Gotha 1828)
1870	Der deutsche Reichstag beschließt mit 118 gegen 81 Stimmen die Beseitigung der Todesstrafe, doch erreicht die Regierung Bismarck schließlich die Revision dieses Beschlusses
1939	Das NS-›Recht‹ sieht den Vollzug der Todesstrafe an Jugendlichen von 16 und seit 1943 von 14 Jahren an vor. Es gibt den Richtern die Möglichkeit, die Todesstrafe bei rund 2600 verschiedenen Delikten zu verhängen
1940–1945	Allein der Scharfrichter Reichhart nimmt 2805 Hinrichtungen vor (Vergleichszahl aus dem Ersten Weltkrieg: 300 Todesurteile; Vergleichszahl aus den Jahren 1928 bis 1932: Zehn Todesurteile vollstreckt)
1949	Die Todesstrafe wird in der BRD durch Artikel 102 des Grundgesetzes abgeschafft
1950	Österreich schafft die Todesstrafe im gemeinen Recht ab, erklärt sie aber für das standrechtliche Verfahren im Ausnahmezustand als zulässig (ähnlich seit 1937 die Schweiz: Keine Todesstrafe in Friedenszeiten)
1950–1960	Die Zahl der in diesen zehn Jahren in der DDR vollstreckten Todesurteile wird auf 160 geschätzt, davon 102 wegen sogenannter Staatsverbrechen

Literaturverzeichnis

So sehr das Verbrechen und seine Sühne in ihrer gegenwärtigen Erschei-
nungsform die Gemüter bewegen und die Öffentlichkeit beschäftigen, so
klein ist andererseits die Zahl jener Bücher, die eine populäre Darstellung
rechtsgeschichtlicher Themen anstreben. Dabei sagt doch die Vernunft, daß
sich in der Vergangenheit zweifellos ebenso spannende Kriminalaffären
zugetragen haben müssen, die durch den zeitlichen Abstand und die kul-
turgeschichtliche Verflechtung an Interesse eigentlich nur gewinnen sollten.
Um dem interessierten Leser, auch wenn er juristisch nicht vorgebildet ist,
ein Weiterschreiten in dem faszinierenden Gebiet der Rechtsgeschichte zu
erleichtern, sind in der nachfolgenden auswahlweisen Literaturzusammen-
stellung die besonders zugänglich gehaltenen, auch einen größeren Kreis
ansprechenden Bücher mit einem * versehen.

AMIRA, K. V.: Die germanischen Todesstrafen. München 1922

ANGSTMANN, E.: Der Henker in der Volksmeinung. (Sonderheft der Ztschr.
Teuthonista.) Bonn 1928

ARNOLD, E.: Der Malefizschenk und ›seine Jauner‹. 2. Aufl. Stuttgart 1911

BÄCHTOLD-STÄUBLI: Handwörterbuch des deutschen Aberglaubens. 10
Bände. Leipzig 1927 ff.

BECCARIA, CESARE: Über Verbrechen und Strafen. Übersetzt und heraus-
gegeben von Wilhelm Alff. Frankfurt 1966

* BENEKE, O.: Von unehrlichen Leuten. 2. Aufl. Berlin 1889

* BUCHNER, E.: Das Neueste von gestern. 5 Bde. München o. J. (1911 ff.)

* DANCKERT, W.: Unehrliche Leute. Bern 1963

* DUFFY-HIRSHBERG: Exekution. Köln 1964

GREGOR VON TOURS: Zehn Bücher Geschichten. 2 Bände. Darmstadt 1958

* HALE, L.: Hanged in Error. London 1961

* HEINEMANN, F.: Der Richter und die Rechtspflege in der deutschen Vergangenheit. Jena 1924

HELLWIG, A.: Verbrechen und Aberglaube. Leipzig 1908

HENTIG, H. V.: Die Strafe. 2 Bände. Göttingen 1954/55 (das dzt. umfas-
sendste Werk auf diesem Gebiet und imponierend in seiner souveränen
Wissensfülle)

Die Henkersmahlzeit. Tübingen 1958

Der Gangster. Berlin 1959

HIS, R.: Deutsches Strafrecht bis zur Carolina. München 1928

HOPPLER, A.: Der Abschreckungsgedanke im Strafrecht. Jur. Diss. Zürich 1932

KELLER, A.: Der Scharfrichter in der deutschen Kulturgeschichte. Bonn 1921

– (Hrsg.): Maister Franntzn Schmidts Nachrichters zu Nürnberg all sein Richten. Leipzig 1913

* KERSHAW, A.: Die Guillotine. Hamburg 1959

* KOESTLER – ROLPH: Hanged by the Neck. London 1961

KRÄMER, W.: Kurtrierische Hexenprozesse im 16. und 17. Jahrhundert. München 1959

LEGRAS, H.: Grundriß der schweizerischen Rechtsgeschichte. Zürich 1935

LUDWIG, O.: Richter und Gericht im deutschen Märchen. Bühl (Baden) 1935

MERGEN, A. (Hrsg.): Dokumentation über die Todesstrafe. Darmstadt o. J. (1963)

MERKEL, A.: Strafrecht und Kulturentwicklung. Frankfurt/Main 1958

* MUNGENAST, E. M.: Der Mörder und der Staat. 2. Auflage Stuttgart 1928

OERTEL, R.: Die letzte Hinrichtung in unserer Heimat. Oelsnitz o. J.

OSENBRÜGGEN, E.: Studien zur deutschen und schweizerischen Rechtsgeschichte. Schaffhausen 1868 (photomechan. Neudruck in Vorbereitung)

RADBRUCH, G. (Hrsg.): Die peinliche Gerichtsordnung Karls V. (Carolina). Stuttgart 1960

SCHÄFER, H.: Der Okkulttäter. Eine Untersuchung des kriminellen Aberglaubens der Gegenwart. Hamburg 1964

SCHLABOW, K.: Die archäologische Untersuchung der zwei Moorleichenfunde. Prähist. Ztschr. Bd. 36 (1958)

SCHMIDT, E.: Einführung in die Geschichte der deutschen Strafrechtspflege. Göttingen 1951

* SCHREIBER, H.: Die Zehn Gebote. Düsseldorf 1962

SCHUHMANN, H.: Der Scharfrichter. Kempten 1964

STEINER, O.: Vampirleichen. Vampirprozesse in Preußen. Hamburg 1959

STIASSNY, SIEGMUND: Die Pfählung. Wien 1903

STURM, F.: Symbolische Todesstrafen. Hamburg 1962

THOMASIUS, CHR.: Über die Folter. Weimar 1960

WINCKLER, H.: Die Gesetze Hammurabis in Umschrift und Übersetzung. Leipzig 1904

WUTTKE, A.: Der deutsche Volksaberglaube der Gegenwart. 3. Aufl. Berlin 1909